Superb VIEWS of JAPAN

日本の絶景

超完全版

JN023493

日本を照らす光の新絶景

近年、光が生み出す幻想的な絶景がSNSを中心に注目を集めている。
まるで日本の未来を照らすような、新しい光の絶景を巡る旅へ。

香川県◆三豊市

父母ヶ浜

ちちぶがはま

遠浅の浜の潮だまりが生み出す「天空の鏡」は、有名な南米のウユニ塩湖のよう。SNSで瞬く間に人気を集めた香川の絶景だ。干潮の風のない日の日没前後30分が最も幻想的で美しい。カメラを低く構えて奇跡の瞬間を捉えたい。

広大な干潟が魅せる
奇跡の水鏡

千葉県◆君津市

濃溝の滝

のうみぞのたき

洞窟に差し込む朝日が水面に映り、神秘的で美しいハート形に。SNSに投稿された1枚の写真が話題となった。ハートは3〜4月と、9〜10月の洞窟の右側から日が差し込む、午前中が狙い目だが、新緑や紅葉の時期もまた絶景。

澄んだ空気に抱かれて
大空を映す棚田の水鏡

新潟県◆十日町市

星峠の棚田

ほしとうげのたなだ

こぼれるような天の川が夜の棚田に映える写真が注目され、一躍有名に。雪消えから6月ごろと、10〜11月には棚田に水が張られ「水鏡」が出現する。朝靄に浮かぶ棚田も美しい。私有地のため見学の際はマナー厳守。

長野県◆諏訪市ほか

霧ヶ峰

きりがみね

年に200日霧が発生するという霧ヶ峰。冬の朝には、冷却された霧がカラマツの森を白く覆う。氷点下10℃を下回ると、空中を舞う氷の粒に陽光が反射してきらめく、ダイヤモンドダストやサンピラーを目撃できるかもしれない。

北海道◆豊頃町

ジュエリーアイス

じゅえりーあいす

🟦 勝川河口の大津海岸を一躍有名にした海からの贈り物。十勝川の真水の氷が太平洋に流れ出し、波に揉まれて磨きがかった宝石のようになって浜に打ち上げられる。1月中旬〜2月下旬ごろのごく限られた条件でのみ現れる、希少な新絶景だ。

朝日や夕日を浴びて
刻々とその姿を変える

森ビル デジタルアート
ミュージアム:

エプソン
チームラボ
ボーダレス

もりびる でじたるあーとみゅーじあむ:
えぷそんちーむらぼぼーだれす

森 ビルとチームラボが共同運営
する「地図のないミュージア
ム」。映像や光で構成された境界の
ないアート群のなかに体ごと没入
し、影響を受け合うことで、異な
る美の世界が生まれる。お台場で
新感覚の絶景を体感したい。

アート空間に没入して
ボーダレスな体感を

雨と日の光がもたらす
やさしげな天使の梯子

熊本県◆菊池市ほか

菊池渓谷

きくちけいこく

広　葉樹の森を縫うように流れる
大小の瀬と滝。真夏の8月ご
ろは、渓谷にふりそそぐ太陽が無
数の筋をつくり出す光芒が現れる。
夏でも平均水温が13度と低く、清
涼な空気に包まれる。滝のそばに
は虹が現れることも。

宮地嶽神社
光の道

みやじだけじんじゃ ひかりのみち

神社と目前に広がる宮地浜、そして対岸に浮かぶ相島を夕日が一直線に結ぶ「光の道」。テレビCMのロケ地となり近年話題となった絶景だ。遭遇チャンスは2月と10月のおよそ数日間。期間中、参道の階段は15時ごろに封鎖され、観覧席として開放される。

古来大切にされてきた
空と参道を結ぶ光の道

鹿児島県◆屋久島町

ウィルソン株

うぃるそんかぶ

（樹）齢2000年ともいわれる屋久杉の大切り株。島津藩政時代に伐採されたと伝わり、朽ちて空洞になった10畳ほどの内部には清水が湧き出す。入口右側から見上げれば、ハート形の空が出現するパワースポットとしても人気。

太古の森にたたずむ
恋のパワースポット

浮世絵に描かれた日本の
古典絶景

今も昔も日本人の心を魅了する景勝。江戸の浮世絵師たちの心をとらえた絶景を訪ねよう。

霊峰の威厳にあふれ
赤々と染まる瞬間の美

北斎（ほくさい）×富士山（ふじさん）

静岡県・山梨県

葛飾北斎
『冨嶽三十六景 凱風快晴』（ふがくさんじゅうろっけい がいふうかいせい）
山梨県立博物館 蔵

「赤富士」とよばれる北斎の代表作。太陽を浴びて赤く染まる富士が大胆な構図で描かれ、快晴の空に鱗雲、裾野には樹海が広がる。赤富士は夏から秋の早朝に目にできる光景。描かれた場所は富士吉田市、三ツ峠周辺、沼津周辺など諸説あり。

浮世絵をはじめ、文学、詩歌など多くの芸術のモチーフとなった、
日本を象徴する名峰は、見る場所や時間によって無数の表情をもつ

葛飾北斎
『**富嶽三十六景 凱風快晴（藍摺版）**』
（ふがくさんじゅうろっけい がいふうかいせい あいずりばん）
茂木本家美術館 蔵

赤富士と同じ木版を用いて藍色絵具で刷られた通称「青富士」。稜線
を藍色でくっきりと描き、赤富士よりもすっきりとモダンなイメージ。
版の摩耗具合から赤富士のあとに刷られたと考えられている。

葛飾北斎
『富嶽三十六景 神奈川沖浪裏』
千葉市美術館 蔵

「グレート・ウェーブ」の名で世界的に知られる名画。波しぶきを上げて三隻の船に襲いかかる大波とその奥にどっしりと構える富士の動と静の対比が見事。現在の神奈川県横浜市本牧沖の東京湾の風景を描いた作品と考えられている。

大胆な構図で描かれているため、どこから見た富士山を描いたかは諸説ある

北斎 × 富士山
神奈川県

悠然とたたずむ富士を
荒立つ白波越しに拝む

撮影スポットとして人気の薩埵峠展望台。かつては由比宿と興津宿を結ぶ東海道の難所だった

歌川広重
『六十余州名所図会 鳴門の渦潮』
国立国会図書館 蔵
広重が全国の名所を紹介した『六十余州名所図会』の一枚。淡路の島影、白波とともに鳴門の渦潮の迫力が伝わる名作。現在は観光船や大鳴門橋の海上遊歩道から見学できる。

広重 × 富士山
静岡県

歌川広重
『富士三十六景 駿河薩夕之海上』
国立国会図書館 蔵
広重が最晩年に描いた静岡・駿河湾越しの富士。画面左に薩埵峠の絶壁、右に弧を描く高い波頭。現在は東名高速道路が走る。写真は薩埵峠展望台からの眺め。

潮の満ち引きの差と変化に富んだ地形によりうず潮は発生する

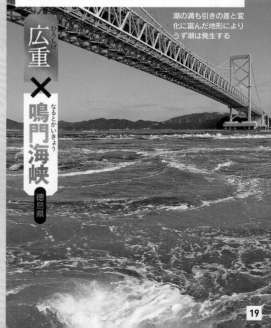

広重 × 鳴門海峡
徳島県

19

歌川広重
『諸国名所百景 日光霧降の滝』
国立国会図書館 蔵
初代広重の没後に跡を継いだ2代広重が手がけた名所シリーズの一枚。霧降の滝は日光三名瀑のひとつ。2段で幾筋にも落ちる滝の細かなしぶきを白い点で独特に表現。

広重 × 霧降の滝
栃木県

上段25m、下段26m、高さ75mの美しい滝。紅葉の名所としても名高い

滝壺のそばまで整備された遊歩道があり、迫力ある眺めが楽しめる

北斎 × 阿弥陀ケ滝
岐阜県

葛飾北斎
『諸国瀧廻り　木曽路の奥阿弥陀の滝』
東京国立博物館 蔵
Image: TNM Image Archives
北斎が全国の名瀑を描いた8枚シリーズの一枚。滝見物をする行楽客、上部滝口の平面的な表現がユニーク。阿弥陀ケ滝は岐阜県郡上市にある落差約60mの滝で県の名勝。

筍崖夕照
琉球八景
新刻斉為一筆

葛飾北斎
『琉球八景　筍崖夕照』
（りゅうきゅうはっけい　じゅんがいせきしょう）
浦添市美術館 蔵

那覇港を望む崖上に立つ波上宮は、琉球八社の一の宮とされる聖地。北斎は琉球（沖縄）に来訪しておらず、中国皇帝の使者（冊封使）がまとめた見聞録『琉球国志略』の中の挿絵「琉球八景」をもとに描いたという。海に囲まれていたが、現在は開発が進み周辺が一変した。

北斎（ほくさい）
×
波上宮（なみのうえぐう）
沖縄県

世界の彼方を望む
崖上の琉球聖地

海を見渡す崖の上に立ち、地元では「なんみんさん」「ナンミン」の名で親しまれている

21

歌川国芳
『二見浦曙の図』
三重県総合博物館 蔵

伊勢市二見町の景勝、二見浦の夫婦岩は普段は海上に頭のみを出すが、国芳の絵では完全に露出している。2012年には絵と同様に露出して話題となったが極めて稀な現象。国芳が本作を描いたとされる時代に越後と京都で大地震が発生しており、地震の前触れを描いたのではと噂されている。

国芳<ruby>国芳<rt>くによし</rt></ruby> × <ruby>二見浦<rt>ふたみうら</rt></ruby>〔三重県〕

朝日差す夫婦岩の神秘的な風景に出合う

二見浦でみそぎをしてから伊勢神宮を参拝するのが古くからの習わし。岩の間から日の出を見ることができるのは5〜7月ごろ

国芳が描いた櫓のように、スカイツリーがそびえる隅田川テラスからの眺望

歌川国芳
『東都三ツ股の図』（とうとみつまたのず）
ギメ東洋美術館 蔵

永代橋のやや上流、隅田川と小名木川、今は埋め立てられた箱崎川に囲まれてあった中州が三ツ股。そこで船の整備をする船大工の日常を描く。右手の橋が永代橋、その左に佃島が見える。さらに奥、火の見櫓の右の高い塔が東京スカイツリーそっくりだと話題に。井戸堀りの櫓という説が有力だ。

天才絵師・広重が描く
日本美を象徴する絶景

広重（ひろしげ）×日本三景（にほんさんけい）

天橋立（あまのはしだて）
京都府

天橋立ビューランドからの眺望。見る場所によって異なる絶景が楽しめる

歌川広重『日本三景之内
丹後天橋立 安芸宮島 陸奥松島』
舞鶴市 蔵

京都・天橋立、広島・宮島、宮城・松島の日本三景は古くから人気の高い名所。天橋立の弧を描く砂嘴、宮島・厳島神社の赤い社殿と大鳥居、松島の群島と海が織りなす三者三様の名勝を広重も愛で、浮世絵に描いた。

宮島
みやじま
広島県

厳島神社の平舞台から望む大鳥居。※2020年10月現在、大鳥居改修工事中

松島
まつしま
宮城県

260余りの島々が点在する松島。大高森、富山、扇谷、多聞山の4つの高台から、それぞれに異なる松島の姿が眺められる

25

「拙筆に写し難し」と
広重が称賛した奇橋

広重 × 猿橋（さるはし）
山梨県

橋脚が無く、四層の刎
木によって支えられる特
殊な構造で知られる

歌川広重
『甲陽猿橋之図』
慶應義塾 蔵

山梨県大月市を流れる桂川の深い渓谷に架かる風流な橋。
広重は猿橋を月とともに見上げて抒情的に描いた。日本三
奇橋のひとつで、現在は隣に明治建築の水路橋も架かる。

阿伏兎岬の先端に鎮座。朱塗りの社殿が瀬戸内海を背景に映える

歌川広重
『六十余州名所図会 薩摩 坊ノ浦 双剣石』
国立国会図書館 蔵
鹿児島県南さつま市坊津の沖合にそそり立つ2本の岩。大胆な構図と鮮やかな色彩は広重の真骨頂。浮世絵に描かれているのと同様に、現在も観光船で間近に景色を楽しめる。

広重 × 阿伏兎観音 広島県

歌川広重
『六十余州名所図会 備後 阿武門観音堂』
国立国会図書館 蔵
広島県沼隅半島の南端の岬に鎮座する阿伏兎観音。険しい断崖上に立つ観音堂の威容が伝わる作品。16世紀末に毛利輝元が再建した観音堂が現存し、瀬戸内海を一望できる。

広重 × 双剣石 鹿児島県

高さは27mと21m、その名のとおり、2つの岩が剣のようにそびえ立つ

日本の絶景 超完全版　　**CONTENTS**

● 本誌掲載のデータは2020年9月末日現在のものです。
● 本誌に掲載された内容による損害等は弊社では補償しかねますので、あらかじめご了承くださいますようお願いいたします。
● 本誌掲載写真について、天候、修復、工事、自然災害、立入不可などにより、実際に同じ様に見られない場合があります。
● 国内情勢や感染症の状況などにより、見学できなくなる可能性もあります。お出かけの際には、事前に最新情報をご確認ください。
● 祭り・イベントは時期や内容が変更になることがありますので、お出かけの際は事前にご確認ください。
● 都道府県の面積は国土交通省国土地理院の都道府県別面積の順位(令和2年1月1日)、人口は総務省統計局の国勢調査(平成27年)の値をもとに作成しております。

表紙写真：石鎚山、青森ねぶた祭、新倉山浅間公園、白金 青い池、姫路城、丸山千枚田、高遠城址公園、祐徳稲荷神社、東京タワー、
　　　　　大浦天主堂、父母ヶ浜、全国花火競技会「大曲の花火」、来間大橋、八幡平ドラゴンアイ、あさひ舟川春の四重奏

北海道

北海道 ほっかいどう

道庁所在地 札幌市　政令指定都市 札幌市
面積 8万3424km²（全国1位）　人口 約538万人（全国8位）

国土の約2割を占める広大な大地に手つかずの自然が残る北海道。大自然が生んだ見る者を圧倒するダイナミックな景観のほか、パノラマで広がる夜景も有名。

多彩な景観が楽しめる

道央 どうおう

北海道を東西に分けるように延びる日高山脈の西側にあり、約3800km²の石狩平野を中心に広がるエリア。札幌市を筆頭に、小樽市や室蘭市、苫小牧市など主要都市が点在する。新千歳空港や苫小牧港があり、年間を通して多くの人が訪れる。

主な絶景 札幌には大通公園やモエレ沼公園などの絶景スポットが集まり、藻岩山山頂展望台からはドラマチックな夜景を望むことができる。ほかにもレトロな建造物が立ち並ぶ小樽運河や、透明度の高さで知られる支笏湖など、バリエーションに富んだ絶景に出合える。

幻想的な夜の小樽運河　　地球の丸さを実感できる地球岬

異国情緒あふれる街並みが魅力

道南 どうなん

北海道の南西部に位置し、本州に突き出る渡島半島を主要とするエリア。函館市を有する渡島地方と、日本海上に浮かぶ奥尻島を含む檜山地方とで構成される。青函トンネルで本州との間をつなぐ陸の玄関口でもある。

主な絶景 観光の中心・函館では歴史ある教会や洋館が立ち並ぶ美しい景観を楽しめる。2つの海の暗さが街の光を引き立たせる、函館山からの夜景も必見。大沼国定公園では、駒ヶ岳と大小の沼が織りなす雄大な景色を望むことができる。

駒ヶ岳を望む大沼国定公園

雄大な自然が残る最北端エリア

道北 どうほく

日本海とオホーツク海に挟まれた北海道の北端に位置するエリア。北見山地や石狩山地、夕張山地に囲まれ、どこにいても雄大な山々を仰ぎ見ることができる。日本海側には利尻島や礼文島が浮かぶ。

主な絶景 内陸部には富良野のラベンダー畑や美瑛町の四季彩の丘など、北海道らしいビュースポットが点在。フォトジェニックな白金 青い池や、雲海テラスにも注目が集まっている。

花々が咲き誇る四季彩の丘

湿原や湖など原風景が広がる

道東 どうとう

日高山脈の東側、オホーツク海と太平洋に挟まれた北海道の東部に位置する。世界遺産である知床をはじめ、数々の国立公園や自然公園があり、キタキツネやヒグマなど野生動物が多く生息することでも知られる。

主な絶景 原生林が広がる知床をはじめ、日本最大の湿原である釧路湿原、雄大な摩周湖や阿寒湖など大自然を満喫できるスポットが目白押し。オホーツク海側では流氷も見られる。

深い森の奥にたたずむ神の子池

北海道の世界遺産

● 知床【道東】→P45

原生林の中の散策路を歩ける知床五湖

北海道 ◆ 絶景インデックス <52> スポット

神秘的な白金 青い池

礼文島
利尻島
道北
北海道
焼尻島
天売島
道央
道南
奥尻島
大島
道東

港町らしい風情あふれる八幡坂

一面の芝桜が楽しめるひがしもこと芝桜公園

奇跡の光景が広がる**雲海**

大自然が織りなす
壮大な自然のアート

津別峠

つべつとうげ

屈 斜路カルデラに流れ込む
雄大な雲海を見るなら、
津別峠展望台へ。日の出の時
間帯にはオレンジ色に輝く特
別な景色に出合える。

北海道◆洞爺湖町

ザ・ウィンザー
ホテル洞爺

ざ・うぃんざーほてるとうや

一面に広がる
洞爺湖の雲海

洞 爺湖を一望できる標高
625mのポロモイ山の山
頂に立つホテル。運がよけれ
ば、美しい雲海を朝日や夕日
とともに眺められる。

雲海がつくり出す
幻想的な世界を体感

北海道◆占冠村

星野リゾート　トマム
雲海テラス

ほしのりぞーと　とまむうんかいてらす

5 〜10月の早朝、約40％の確率で美しい雲海が発生。特殊な地形と気象条件により生み出される絶景を、トマム山の標高1088mに位置するクラウドプールから観賞できる。

北海道◆留寿都村

羊蹄
パノラマテラス

ようていぱのらまてらす

神秘的な雲海から
羊蹄山が顔を出す

4 月下旬〜10月中旬に羊蹄山や洞爺湖が見渡せる展望台。6月中旬〜8月中旬はルスツリゾートホテル＆コンベンション宿泊者限定で、ウエストMt.のゴンドラの早朝雲海便を利用することもできる。

大地いっぱいに咲く花々

北海道◆旭川市

上野ファーム
うえのふぁーむ

四季の花が咲き誇る
素朴で美しい庭園

ガーデナーの上野砂由紀氏が造りあげてきた庭園。トンガリ屋根の建物が目印の「ノームの庭」をはじめ、美しい花々に彩られた庭が広がる。

どこまでも広がる
虹色の花のじゅうたん

ファーム富田

ふぁーむとみた

富 良野のラベンダーを全国
に広めるきっかけとなっ
たラベンダー畑。80種類の
花々が丘陵を彩り、春から秋
まで花を楽しむことができる。

四季彩の丘

しきさいのおか

圧倒的なスケールの
色鮮やかな大花壇

数 十種類の草花が帯状に植
えられた、絵画のように
鮮やかな花畑と、雄大な十勝
岳連峰を一望することができ
る。冬の雪化粧も美しい。

北海道◆札幌市

幌見峠
ラベンダー園

ほろみとうげらべんだーえん

札幌の街を一望する
爽やかな夏の絶景

約 7000株ものラベンダーがゆるやかな斜面一面に咲き誇る花畑。高台にあり、花畑の向こうには札幌の街並みを一望できる。

北海道◆北竜町

北竜町
ひまわりの里

ほくりゅうちょうひまわりのさと

見渡す限り広がる
満開のヒマワリ

夏 には約23haに及ぶ敷地が輝く黄色に染まる、国内最大級のヒマワリ畑。早咲き、遅咲きなどさまざまな品種のヒマワリが観賞できる。

北海道◆帯広市

紫竹ガーデン

しちくがーでん

野の花が揺れる
色彩の楽園

完 全無農薬で育てられた花々が1万5000坪のガーデンを彩る。強い生命力を感じさせる、北海道ガーデン街道を代表する庭。

北海道の春を彩る
ピンク色の花景色

北海道◆大空町

ひがしもこと芝桜公園

ひがしもことしばざくらこうえん

な　だらかな丘一面にビロードのじゅうたんを広げたように美しい芝桜。5月初旬～6月初旬には「ひがしもこと芝桜まつり」が開催される。

神秘が宿る池・湖

北海道◆美瑛町

白金 青い池

しろがね あおいいけ

十 勝岳の噴火による防災工事で、堰堤に溜まった水が不思議なほど青い色をたたえ、幻想的な風景に。今や北海道を代表する絶景となった。

ミルキーブルーの不思議な魅力に心惹かれて

北海道◆清里町

神の子池

かみのこいけ

神の湖から生まれた
ミステリアスな池

ア イヌ語で「神の湖」を意味する摩周湖の伏流水からなる池。水温は年間を通して8℃と低く、倒木が腐らず水中に残る幻想的な景観に。

北海道◆富士町

姫沼

ひめぬま

水面に映り込む
逆さ利尻富士

利 尻島の名峰・利尻山の山麓にある姫沼は、利尻富士の絶好のビューポイント。運がよければ水面に「逆さ利尻富士」を見ることができる。

摩周湖
ましゅうこ

感性を刺激する
神秘の「摩周ブルー」

阿 寒国立公園にあり、透明度の高い湖として名高い。約7000年前の噴火でできたカルデラ湖で、2001年には北海道遺産にも選ばれた。

支笏湖 北海道◆千歳市
しこつこ

恵 恵庭岳や樽前山などに囲まれた周囲約40kmのカルデラ湖。最大深度が約360mと深いことから真冬でも結氷しない日本最北の不凍湖といわれる。

ウトナイ湖 北海道◆苫小牧市
うとないこ

国 道36号沿いの淡水湖で周辺に道の駅もある。アイヌ語で「小さな川の流れの集まるところ」を意味し、白鳥など渡り鳥の集団飛来地として有名。

北海道◆北見市ほか

サロマ湖

さろまこ

オホーツク海につながる
美景を一望

琵 琵湖、霞ヶ浦に次いで日本で
3番目に大きい道内最大の湖。
面積は約152km²あり、汽水湖では
日本一の大きさを誇る。周辺には
ハマナスの色鮮やかな花々が咲き
誇り、壮大な景色が広がる。

北海道◆弟子屈町

屈斜路湖

くっしゃろこ

国内最大の
風光明媚なカルデラ湖

面 積約79km²の湖畔には多く
の温泉が湧出。冬から春に
は羽根を休めるために飛来する
白鳥の姿を間近に感じる自然満
載の魅力スポット。

北海道◆斜里町

知床五湖

しれとこごこ

世界自然遺産「知床」の
幻想的な5つの湖

知 床八景のひとつで、山や海、
森や湖を一度に楽しめる自然
豊かな景勝地。知床連山や原生林
を湖面に映しだす姿に魅了される
こと間違いなし。

Sea

北の大地を囲む広大な**海**

北海道◆積丹町

神威岬

かむいみさき

奇岩・断崖と日本海が生む壮大な景観

積丹半島北西部から日本海に突き出し、周囲は切り立った断崖や「神威岩」とよばれる奇岩などが点在している。積丹ブルーの海を望み、夕焼けが美しい。

春夏秋冬それぞれの
美しさを誇る夕日の名所

北海道◆斜里町

夕陽台
ゆうひだい

知 床国設野営場の一角にあり、知床八景のひとつ。冬に流氷で真っ白に覆われたオホーツク海が黄金色に染まる眺めは知床ならではの眺望。

地球岬 　北海道◆室蘭市
ちきゅうみさき

絵 鞆半島の最南端に位置し、展望台からは太平洋を一望。晴れた日には下北半島を眺められることもあり、水平線が丸みを帯びて見える。

襟裳岬 　北海道◆えりも町
えりもみさき

太 平洋に向かって突き出した岬から、遮るもののない大海原の絶景が広がる。岬沖の岩礁地帯にはゼニガタアザラシも生息する。

鮮やかに色づく紅葉

北海道◆札幌市

北海道大学
イチョウ並木

ほっかいどうだいがくいちょうなみき

市民にも愛される
黄金の並木道

北 大キャンパスの東西約
380mにわたって広がる
70本のイチョウは、紅葉の名
所として人気を集めている。見
頃は10月下旬から11月上旬。

豊平峡ダム 北海道◆札幌市

ほうへいきょうだむ

昭 和47年(1972)に完成した高さ102.5m
のダム周辺は、岩盤斜面に囲まれた自然
美あふれる名所。観光放流と合わせて美しい
紅葉を楽しみたい。

層雲峡 北海道◆上川町

そううんきょう

山 頂は8月下旬ごろから色づき始め10月下
旬まで楽しめる紅葉スポット。石狩川を
挟んで24km続く柱状節理の断崖や崖を流れる
滝も見事だ。

北海道◆上川町ほか

三国峠

みくにとうげ

峠から見下ろす
山岳美に息をのむ

国 道273号の峠で色とり
どりの紅葉を満喫。標高
1139mの道内最高地点から
眺める大樹海は圧巻のひと言
でドライブにも最適だ。

厳しくも美しい北海道の**冬**

厳冬期の道東で優雅なタンチョウと遭遇

音羽橋

おとわばし

雪　裡川に架かる橋で、厳冬期はタンチョウを観察できるポイントとして人気。川霧や朝焼けに映えるタンチョウの姿を満喫したい。

小樽運河

おたるうんが

ロマンチックに彩られる
小樽の人気スポット

大正12年(1923)に完成し、今や小樽観光では外せない代表的な場所。冬は青の洞窟をイメージしたイルミネーションの演出に魅了される。

冬季のみ現れる
湖に咲く氷の花々

阿寒湖
あかんこ

特 別天然記念物のマリモなどが生息する、北海道で5番目に大きい淡水湖。冬季は全面結氷し、雄阿寒岳を眺めながらのスキーやワカサギ釣りなどが人気。

能取岬 北海道◆網走市
のとろみさき

冬 季はロシア・サハリンから漂着する迫力ある流氷を眺められる。オホーツク海をはじめ東方には遠く知床連山を望み、景観がすばらしい。

クリスマスツリーの木 北海道◆美瑛町
くりすますつりーのき

田 畑の中腹にぽつんと立つ約8mのトウヒの木。一本木のなかでも人気が高く季節問わず美しいが、周囲を雪が覆うクリスマスシーズンに訪れたい。

北海道◆大空町

メルヘンの丘

めるへんのおか

丘 の上に立つカラマツが目印。大規模畑作が行われている丘陵地で、網走湖を望む。ジャガイモの花や牧草ロールが眺められる季節も。

牧歌的でフォトジェニック 北海道らしい風景が広がる

絶対走りたい！
北の大地を貫く天への道

天に続く道 （北海道◆斜里町）

てんにつづくみち

国道244・334号上にある約18kmの直線ルート。高低差があり、道の先が空へ向かっているように見える、大人気の絶景ドライブスポット。

北海道◆芽室町

新嵐山
スカイパーク
展望台

しんあらしやますかいぱーくてんぼうだい

十勝平野の雄大な
パノラマを満喫する

勝連山や日高山脈などを見渡せる。標高が約340mと低いため、展望台下に広がる風光明媚な農村風景が見られるのも魅力のひとつ。

北海道◆小樽市

天狗山展望台

てんぐやまてんぼうだい

市街地を見下ろす
5つの展望台

標高532.4mの天狗山にある。なかでも樹齢100年を超える一本桜「天狗桜」がシンボルの天狗桜展望台は小樽の街並みを間近に眺望できる。

北海道◆釧路市ほか

釧路湿原

くしろしつげん

手つかずの自然が残る
広大な湿原

面積約2万8000haもの広大な湿原国立公園で、一周約2.5kmの遊歩道にある展望台からは、湿原の中を大きく蛇行して流れる釧路川を望める。

Night view

ドラマチックに輝く夜景

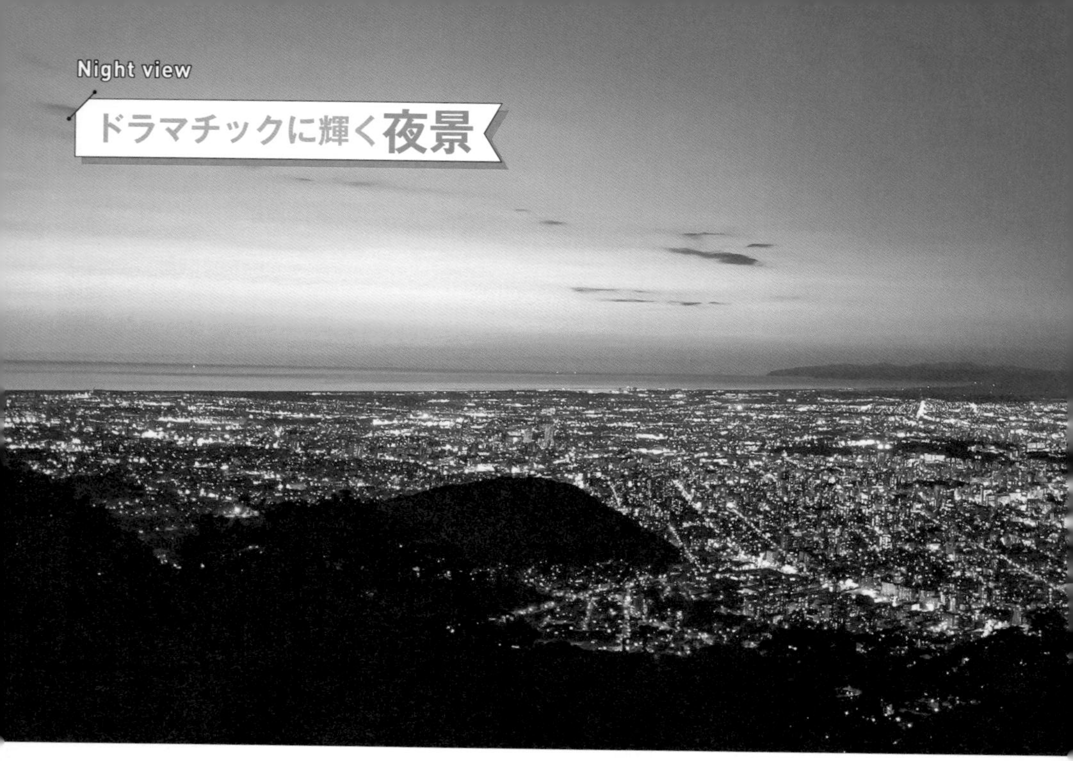

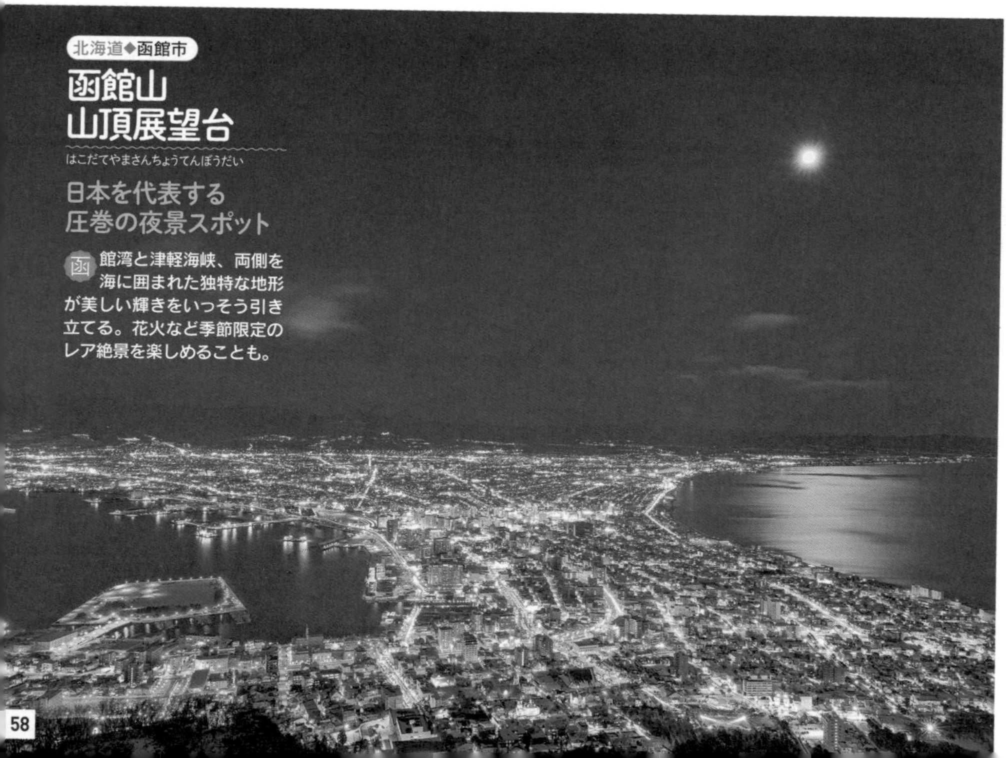

北海道◆函館市

函館山山頂展望台

はこだてやまさんちょうてんぼうだい

日本を代表する圧巻の夜景スポット

函館湾と津軽海峡、両側を海に囲まれた独特な地形が美しい輝きをいっそう引き立てる。花火など季節限定のレア絶景を楽しめることも。

北海道◆札幌市

藻岩山
山頂展望台

もいわやまさんちょうてんぼうだい

標　高531mの山頂から石狩平野を一望できる展望台。宝石をちりばめたような札幌の夜景は「日本新三大夜景」に数えられる絶景。

360度、
見渡す限りの
夜景に酔いしれる

八幡坂　北海道◆函館市

はちまんざか

ま　つすぐに延びる坂の向こうに函館港の夜景を望むビューポイント。街路樹がライトアップされるイルミネーションの時期も格別。

白鳥大橋　北海道◆室蘭市

はくちょうおおはし

白　鳥が羽根を広げたような姿が美しい全長1380mの橋。室蘭市の工場夜景とあわせて堪能できるナイトクルージングもある。

緑に心癒やされる**公園**

北海道◆七飯町

大沼国定公園
おおぬまこくていこうえん

活 火山・駒ケ岳の噴火によりできた大沼湖や小沼湖、周辺の森からなる自然豊かな公園。大沼湖には大小100以上の小島が浮かび、独特の景観を生み出している。

大沼から駒ケ岳を望む
新日本三景のひとつ

北海道◆函館市
五稜郭公園
ごりょうかくこうえん

星形が印象的な
函館のシンボル

星形五角形が特徴の城塞・五稜郭。現在は解体され、公園として市民に親しまれている。春には堀の周りや郭内に約1600本の桜が咲き誇る。

北海道◆札幌市
モエレ沼公園
もえれぬまこうえん

イサム・ノグチによる
壮大なアート空間

彫刻家・イサム・ノグチが手がけた公園。広大な敷地にアーティスティックな施設や遊具が点在し、芸術と自然の見事な融合を体感できる。

北海道◆札幌市
中島公園
なかじまこうえん

木立の間に現れる
瀟洒な洋館

中島公園にひっそりとたたずむ豊平館は開拓使により建造された貴重な建物。明治時代にいるようなノスタルジックな雰囲気を味わえる。

水面に浮かぶ幻想的な橋

日本が世界に誇る
ドラマチックな夕景

北海道◆釧路市
幣舞橋
ぬさまいばし

夕日の美しい街として名高い釧路のなかでも有数の夕日観賞スポット。すべてをオレンジ色に染め、海に溶けていくような夕日が美しい。

湖に浮き沈みする
幻の橋

北海道◆上士幌町

タウシュベツ川橋梁

たうしゅべつがわきょうりょう

糠 平湖にかかる旧国鉄士幌
線のコンクリート製アー
チ橋。季節により水位が変わ
るため、例年1月ごろに姿を
現し、夏ごろには湖底に沈む。

北海道◆札幌市

さっぽろ雪まつり

さっぽろゆきまつり

迫力の雪像が迎える
雪と氷の祭典

大な雪像や緻密な氷の彫刻が市内3会場に並ぶ札幌の冬の風物詩。夜にはライトアップされ、より幻想的な世界を楽しめる。

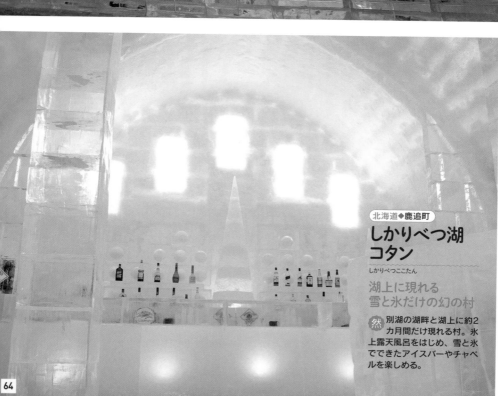

北海道◆鹿追町

しかりべつ湖
コタン

しかりべつこことたん

湖上に現れる
雪と氷だけの幻の村

別湖の湖畔と湖上に約2カ月間だけ現れる村。氷上露天風呂をはじめ、雪と氷でできたアイスバーやチャペルを楽しめる。

北海道◆千歳市

支笏湖
氷濤まつり

しこつこひょうとうまつり

支笏湖を代表する
氷のイベント

湖 水を凍らせて作ったオブジェが並ぶ冬の祭典。日中は支笏湖ブルーに輝き、夜は色鮮やかなライトに照らされる氷の世界を堪能できる。

北海道◆洞爺湖町

洞爺湖
ロングラン
花火大会

とうやころんぐらんはなびたいかい

洞爺湖を連夜彩る
大輪の花火

約 半年間に及ぶ期間中、毎晩花火が打ち上げられる。450発もの色とりどりの花火が湖面に映り、ロマンチックな雰囲気を演出する。

外国人たちのディスカバージャパン

造船学の面で、
アイヌの人が作る漁船より美しいものとか、
それを操る手練手際に勝るものは
とても考えられない。

ホーレス・ケプロン
ケプロン日誌 蝦夷と江戸 西島照男訳

ホーレス・ケプロンが見た白老

「北海道開拓の父」の心に響いたアイヌの人々の精神と暮らし

　明治初期、新政府は北海道の開拓を進めるため、行政機関の開拓使を設置した。開拓使次官の黒田清隆は、専門家としてアメリカ政府農務長官のホーレス・ケプロンを招聘。明治4年（1871）に67歳で来日したケプロンは、農業や工業、教育、都市整備など幅広い事業を指揮して北海道の発展に寄与した。

　ケプロンが北海道を初めて視察した折、白老町のアイヌ集落に立ち寄っている。集落で見た伝統的な家屋や漁船の美しいデザインに強く興味を惹かれ、アイヌの人々に対しては、自分たちへの丁重な応対に知性や気品を感じたと、自身の日誌に綴っている。明治8年（1875）に帰国するまで、北海道の開拓事業に尽力したケプロン。札幌市の大通公園には、ケプロンと黒田清隆の功績を讃える2基の銅像が建てられている。

ホーレス・ケプロン
Horace Capron 1804-1885

米政府農務長官時代に現職を辞して来日し、開拓使の重職である開拓使御雇教師頭取兼開拓顧問に着任。札幌農学校（現北海道大学）や開拓使麦酒醸造所（のちのサッポロビール）の設立、大規模農業の導入、産業振興などに励み、北海道開発の基盤を築いた。

白老 （北海道◆白老町）
しらおい

北海道南西部の太平洋岸に位置し、ポロト湖や森林など豊かな自然が残る。古くからアイヌ民族が暮らし、アイヌ文化を紹介する施設ウポポイ（民族共生象徴空間）が2020年に開業した。

東北

雪国叙情を感じる自然と趣深い歴史や文化が残る

東北 とうほく

深い山並みや清流に抱かれた大自然あふれる地域。桜や新緑、紅葉、雪景色など、
四季の情景が美しく、地元の伝統が鮮やかに表現された日本を代表する祭りにも注目。

約300万人が熱気に酔う、青森市の夏の風物詩「ねぶた祭」

大自然と熱気に満ちた祭りに感動

青森県 あおもり

県庁所在地 青森市 **政令指定都市** なし
面積 9645km²(全国8位) **人口** 約130万人(全国31位)

本州最北端に位置し、日本海と太平洋と2つの海に
面する県。山岳に富んだ地形と地域特性の気候を生
かした、国内でも有数の農業都市。林業も盛んで、
世界遺産に登録されている白神山地の天然ブナ林は、
規模が東アジア最大級。

主な絶景 八甲田山や白神山地など、自然豊かな景色
を多く有している。なかでも奥入瀬渓流は、
三乱の流れや銚子大滝など、緑と水が織りなす雄大な風景
が広がる。奥入瀬渓流の源流である十和田湖は、四季によっ
てさまざまな顔を見せる神秘的な名所。

迫力ある景観の奥入瀬渓流

紅葉の名所でもある十和田湖

太平洋と雄大な山脈に抱かれる

岩手県 いわて

県庁所在地 盛岡市 **政令指定都市** なし
面積 1万5275km²(全国2位) **人口** 約128万人(全国32位)

東北地方の太平洋側に位置し、本州一の面積を誇る
県。複雑に入り組んだリアス海岸と、人口が集中す
る西部の北上盆地以外は山地が多く、緑豊かなエリ
アが広がる。南部藩の城下町として栄えた盛岡市は、
レトロな風情を楽しめる多彩な建造物が点在する。

主な絶景 世界遺産に
も登録され
た平泉や毛越寺の庭園など、
平安時代の歴史と文化が感じ
られるスポットや、龍泉洞の
地底湖や猊鼻渓、厳美渓な
ど、自然がつくり出す幻想的
な絶景に出会える。

神秘的な青が魅力の龍泉洞

海絶景が広がる東北最大都市

宮城県 みやぎ

県庁所在地 仙台市 **政令指定都市** 仙台市
面積 7282km²(全国16位) **人口** 約233万人(全国14位)

太平洋の複雑な海岸線に面する東部や名峰蔵王山が
そびえ立つ西部、穀倉地帯である仙台平野が広がる
中央部と、海、山、平野が自然豊かな調和をつくり
出している。仙台市は東北最大の商業都市で、各県
から多くの人が集まる賑やかなエリア。

主な絶景 日本三景のひとつである風光明媚な松島の
四大観は、県を代表する絶景スポット。特
に夕日が沈む景色が美しい。周囲には国宝の瑞巌寺、福浦橋
や円通院など、写真映えするスポットも多い。

平安時代からその美しさを歌に詠まれてきた松島湾

壮大な自然美と伝統文化が見事

秋田県 あきた

| 県庁所在地 | 秋田市 | 政令指定都市 | なし |
| 面積 | 1万1637km²(全国6位) | 人口 | 約102万人(全国38位) |

日本海の荒波にもまれた鵜ノ崎海岸や、国立公園である十和田八幡平国立公園を有する。内陸部の9割が豪雪地帯で、雪が多く積もりやすい地形を生かし、各地で雪祭りが開催される。米どころとしても有名で、生産量は全国3位、東北では1位を誇る。

主な絶景 世界遺産の白神山地やコバルトブルーの田沢湖などで、雄大で壮麗な自然を感じられる。また、江戸時代に栄えた角館では、風情ある歴史タウンの雰囲気を味わうことができる。

透明度が高く清らかな水をたたえる田沢湖と湖畔にたたずむ辰子像

出羽国が育む歴史ある城下町

山形県 やまがた

| 県庁所在地 | 山形市 | 政令指定都市 | なし |
| 面積 | 9323km²(全国9位) | 人口 | 約112万人(全国35位) |

県の中央部を通る出羽山地を境目にした海側の庄内地方、山側の最上地方と村山地方、南部の置賜地方の4つに区分される。米沢や鶴岡などの城下町と力強い自然美が魅力。全市町村に温泉が湧き、風情ある湯の町としても定評がある。

主な絶景 山寺や羽黒山五重塔などの歴史的建築物に見られる歴史情緒あふれるスポットから、最上峡や丸池様などの雄大な自然がつくり出す美しい風景まで、多種多様な絶景が集まる。

新緑の季節に水上さんぽを楽しめる最上峡。心地よい風を感じられる

五色沼一の広さを誇る毘沙門沼。湖面越しに磐梯山が望める

穏やかな気候と風情ある街並み

福島県 ふくしま

| 県庁所在地 | 福島市 | 政令指定都市 | なし |
| 面積 | 1万3783km²(全国3位) | 人口 | 約191万人(全国21位) |

東西に長く、主に歴史の名所が多く残る会津、県の中心都市である郡山市や福島市がある中通り、人気のレジャースポットが並ぶ海沿いの浜通りと、3つの地域に分けられる。各地域によって気候や文化に差があり、街によりさまざまな姿を見せる。

主な絶景 フォトジェニックな街歩きができる七日町通りや、歴史散策が楽しめる鶴ヶ城など、会津若松には地元の文化を体感できる名所が点在。磐梯高原では、五色沼や猪苗代湖など広大な自然が織りなす美景が続く。南会津などのネイチャースポットもおすすめ。

自然豊かな高清水自然公園

東北の世界遺産

● 白神山地【青森県・秋田県】➡P106

● 平泉-仏国土(浄土)を表す建築・庭園及び考古学的遺跡群【岩手県】

● 明治日本の産業革命遺産製鉄・製鋼、造船、石炭産業【岩手県】

森林浴を楽しめる白神山地

東北 ◆ 絶景インデックス スポット

丸池様の澄んだ青に魅了される

厳しい冬の自然がつくり出した蔵王の樹氷

奥入瀬渓流の子ノ口にある銚子大滝。流れ落ちる水瀑は圧倒的な量を誇る

福島県

いにしえの情緒あふれる角館

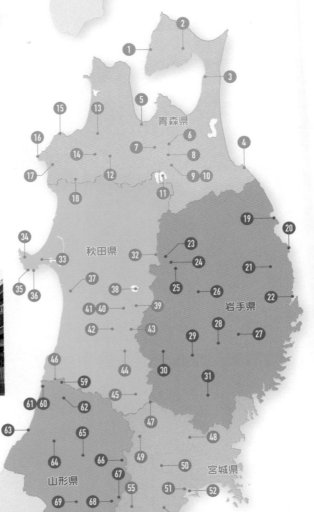

青森県

秋田県

岩手県

山形県

宮城県

福島県

春の鳥海山は菜の花とのコントラストが美景

71

太平洋と日本海の多彩な海

水面に映し出される景色は
まさに「秋田のウユニ塩湖」

秋田県◆男鹿市

鵜ノ崎海岸

うのさきかいがん

男鹿半島南部に位置する。遠浅な海岸が200m先まで続く全国でも珍しいスポット。磯遊びや潮干狩りなどが楽しめる。

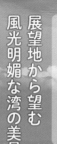

展望地から望む
風光明媚な湾の美景

宮城県◆東松島市

松島（壮観）

まつしま（そうかん）

平 安時代から美しさを歌に
詠まれてきた景勝地。4
つの展望台「松島四大観」か
らは広大な景色を眼下に望む
ことができる。周辺には瑞巌
寺などの名所もある。

岩手県◆田野畑村

北山崎

きたやまざき

断崖が連なる
迫力のパノラマ

高 さ200mの断崖が8kmに
わたって続く。約1億年
前の火山岩や溶岩などから形
成され、波打ち際では奇岩や
海食洞窟が見られる。

74

岩手県◆宮古市

浄土ヶ浜
じょうどがはま

自然が織りなす
白と群青の絶景美

三 陸復興国立公園・三陸ジ
オパークの中心に位置し、
青く澄み渡る海に色白の奇岩
群がそびえる景勝地。浜辺に
は白い石浜が広がる。

千畳敷海岸

せんじょうじきかいがん

海岸沿いに現れる
青森随一の景勝地

約 200年前の大地震で海底が隆起してできた岩棚。長い年月の侵食によって形成された景勝地で、約12kmにわたり美しい光景が広がる。

青森県◆佐井村

仏ヶ浦

ほとけがうら

圧倒的スケールを誇る
白緑色の奇岩

風 雨と波により削られてできた巨岩群。岩にはそれぞれ仏像などにちなんだ名前が付けられている。国の名勝および天然記念物に指定。

青森県◆八戸市

種差海岸
たねさしかいがん

爽やかな海と芝生の奇跡のコントラスト

三陸復興国立公園内にあり、国の名勝に指定。天然の芝生に覆われた段丘面が広がり、夏にはピクニックやトレッキングを楽しむ人で賑わう。

岩手県◆久慈市

つりがね洞
つりがねどう

小袖海岸随一の絶景スポット

かつて洞穴の天井から釣鐘の形をした岩がぶら下がっていたといわれ、名前の由来となった。現在は大きな洞穴が残り、シンボルとなっている。

福島県◆いわき市

弁天島
べんてんじま

日の出が照らす島は壮観で神々しい

太古の時代は陸続きだったが、江戸時代に起こった地震で寸断。奇岩が海中に突き出して現在の形に。岩上には弁財天を祀る祠がある。

ロマンチックな**夕日**

夕日に向かって
ゴジラが火を吹く

秋田県◆男鹿市
ゴジラ岩
ごじらいわ

潮 瀬崎にあるゴジラの横顔によく似た奇岩。ごつごつした岩肌がゴジラに類似している。足場が悪いため、散策するときは注意が必要。

【青森県◆深浦町】

黄金崎
不老ふ死温泉

こがねさきふろうふしおんせん

日本海のパノラマを
露天風呂から堪能

（白）神山地の麓にあり、日本
海に沈む夕日を一望でき
る黄金崎に立つ一軒宿。源泉
かけ流しの海辺の露天風呂を
求め、全国各地から多くの温
泉ファンが訪れる。

【山形県◆鶴岡市】

湯野浜海岸

ゆのはまかいがん

温泉街から続く
海沿いの夕景を望む

（山）形県内で最大規模の海水
浴場。日本最古の波乗り
のルーツの地で、サーフィン
をはじめマリンスポーツも盛
んな人気のスポット。

【山形県◆遊佐町】

出羽二見

でわふたみ

岩間に落ちる夕日が
見る人を幸せにする

（伊）勢の二見浦になぞらえて、
出羽二見とよばれる。5
月と8月ごろに出羽二見の2
つの岩の間に夕日が沈み、多
くの人が撮影に訪れる。

東北

79

清らかに流れる川

鉄橋と川がつくり出す
四季折々の景観美

只見川 福島県◆三島町ほか

ただみがわ

川 に架かる第一只見川橋梁は、只見線の鉄道橋のなかで唯一のトラス構造アーチ橋。絶景のスポットとして多くの鉄道ファンに愛される。

山形県◆遊佐町

牛渡川

うしわたりがわ

水辺に生い茂る
新緑に癒やされる

豊 富な湧水で満たされる透明な川。風がない日はひときわ透き通る。近くには、澄んだ青とエメラルド色がきれいな丸池様がある。

山形県◆大江町ほか

最上川

もがみがわ

名句に詠まれた
雄大な景色に浸る

松 尾芭蕉の句で有名な河川。川と渓谷の織りなす穏やかな景観が広がる。舟下りを体験でき、船上からの眺めも格別。

自然が創造した美しい**渓谷**

川霧に包まれた
別世界のような神秘的な世界

撮影:星 賢孝

霧幻峡の渡し 福島県◆金山町

むげんきょうのわたし

6 ～8月の早朝や夕方に川霧が発生しやすく、幻想的な雰囲気に。深い渓谷のなかで、日本の原風景を感じることができる。

秋田県◆湯沢市

小安峡
おやすきょう

森林と水流の眺望に
自然の鼓動を感じて

皆 瀬川の急流が両岸を深く浸食してできたV字谷。春の新緑や秋の紅葉、冬の巨大なつららと、季節により異なる風景を見せてくれる。

秋田県◆仙北市

抱返り渓谷
だきがえりけいこく

奇岩や滝が点在
変化に富んだ渓谷美

今 なお手つかずの自然が残る秋田屈指の景勝地。散策路の途中から奇岩や急流を見下ろし、迫力あるロケーションを楽しめる。

猊鼻渓

げいびけい

舟から眺める
幻想的な深山幽谷

砂 鉄川が石灰岩を浸食してできた約2kmにわたる渓谷。舟下りを行っており、ゆったりと進む舟から見上げる大岸壁は迫力満点。

塔のへつり

とうのへつり

特異な形状の岩壁は
国の天然記念物に

自 然がつくり上げた奇岩群の造形美を楽しめる観光地。へつりは「険しい崖」を意味する方言で、岩が仏塔に見えることが名前の由来。

岩手県◆八幡平市

松川渓谷

まつかわけいこく

秘境に流れる
川のせせらぎを聞く

ブナやナラの原生林に覆われた渓谷。川岸の崖が玄武岩の柱状節理になっている。温泉露天風呂や森の大橋上から、紅葉狩りが楽しめる。

福島県◆南会津町

屏風岩

びょうぶいわ

そびえ立つ奇岩に
壮大な自然を感じる

伊南川の急流が長い年月をかけて形成した奇岩。ごつごつとした白い岩肌がそそり立つさまは力強く圧巻。遊歩道が整備されており、散策もおすすめ。

水面に四季の色を映す 湖・池・沼

福島県◆北塩原村

桧原湖
ひばらこ

群青色湖面の映える
裏磐梯最大の湖

明治中期、磐梯山が起こした噴火で生まれた湖。湖岸周囲31.5km、最大水深31mを誇る。自然探索路やキャンプ場が点在している。

四季ごとに変化する
福島を代表する美しい景色

福島県◆猪苗代町ほか

猪苗代湖

いなわしろこ

福島県のほぼ中央に位置し、日本で4番目に大きい湖。湖面に磐梯山を映し出し、「天鏡湖」ともよばれ、透明度の高い水質をもつ。

秋田県◆仙北市

田沢湖

たざわこ

エネルギーあふれる
紺碧の水面

周囲20km、深さ423.4mと日本一の深さ。澄み渡る清らかな水をたたえる湖は、美容・縁結びのパワースポットとしても人気。

岩手県◆岩泉町

龍泉洞

りゅうせんどう

国 の天然記念物に指定されている鍾乳洞。現在判明している洞内の奥行きは4088m。地底湖を形成しており、世界有数の透明度を誇る。

神秘の鍾乳洞として名高い
ドラゴンブルーの地底湖

宮城県◆蔵王町ほか

御釜
おかま

美しく光り輝く
蔵王のシンボル

火 口に水が溜まってできた
カルデラ湖で、釜のよう
な形をしているのが特徴的。
晴れた日は湖面がエメラルド
グリーンに輝く。

青森県◆十和田市ほか

十和田湖
とわだこ

青く澄んだ湖水と
山々の緑が調和する

奥 入瀬渓流へと流れ出る湖
は周囲46km、新緑や紅
葉の名所として知られる。乙
女像や十和田神社など、観光
スポットも数多く点在する。

青森県◆むつ市

宇曽利山湖
うそりやまこ

ターコイズブルーの
穏やかな水辺

恐 山にあるカルデラ湖で、
下北半島国定公園に指
定。湖畔には恐山菩提寺が立
ち、白い砂浜は極楽浜とよば
れている。

伊豆沼
いずぬま

えんじ色の空に
渡り鳥の大群を見る

秋から冬にかけて渡り鳥の越冬地になる。特に毎年訪れる数万羽のマガンがみもの。朝になると一斉に飛び立ち、夕方にはV字型に並んで帰ってくる様子に圧倒される。

毘沙門沼
びしゃもんぬま

湖面越しに望む
磐梯山の大パノラマ

五色沼湖沼群で最大の沼。沼の水は無色透明だが、晴天時は太陽の光でコバルトブルーに変化。ハートマークの鯉が泳ぐと話題。

八幡平
ドラゴンアイ
はちまんたいどらごんあい

初夏に出現する
奇跡の現象

八幡平頂上付近の鏡沼の雪が環状に溶けて龍の目のように見える。例年5月下旬〜6月上旬に出現し、積雪量などにより見え方も変わる。

青森県◆青森市

グダリ沼
くだりぬま

知る人ぞ知る
東八甲田の秘境へ

八 甲田山の雪解け水が湧き
出る湧水池で、清流が常
に穏やかに流れ続けている。
周辺には散策路が整備されて
いる。

山形県◆山形市

ドッコ沼
どっこぬま

美しい緑のブナ林と
翠緑の沼が調和する

蔵 王山の山頂にある沼で、
透き通ったエメラルドグ
リーンの色がさわやか。独鈷
の形に似ていることから名付
けられたといわれる。

青森県◆深浦町

青池
あおいけ

白神山地に顕在する
神秘の青に感動

昼 ごろはクリアなコバルト
ブルー、午後には深みの
あるマゼランブルーなど、時
間帯によって水の色が変化す
る幻想的な池。

風格ある滝がつくり出す景勝

迫力ある風景を楽しめる
宮城県屈指の瀑布

秋保大滝　宮城県◆仙台市

あきうおおたき

落 差約55m、幅約6mの瀑布で、「日本の
滝百選」のひとつでもある。秋保大滝不
動尊内にある滝見台からの眺めは抜群。

92

達沢不動滝

たつさわふどうたき

手つかずの原生林と 美しい名瀑

不動川にかかる瀑布で、岩肌に沿って水が流れる男滝(写真)と、西側にひっそりとたたずむ女滝が好対照。新緑と紅葉の時期は特に美しい。

玉簾の滝

たますだれのたき

絶壁から流れ落ちる 山形県随一の直瀑

高さ約63m、幅約5mの直瀑は、弘法大師が発見したと伝わる。GWと夏期のライトアップ、冬の氷瀑と、四季折々の姿をみせる。

新緑や雪が彩る山と盆地

幻想的な白雲の
じゅうたんを見下ろす

遠野盆地

とおのぼんち

北 上山地のほぼ中央部に位置する盆地。9〜11月の間、昼夜の気温差が大きい日の早朝の時間帯に、盆地を覆う雲海が発生する。

岩手県◆八幡平市ほか

岩手山

いわてさん

雪化粧をした
奥羽の秀峰を眺める

南 部片富士ともよばれる奥羽山系の最高峰。東斜面にのみ美しく裾を引くのが特徴。写真は小岩井農場の一本桜と岩手山の美しい風景。

山形県◆遊佐町ほか

鳥海山
ちょうかいさん

威風堂々とした姿は東北を代表する名峰

その美しい姿から「出羽富士」とも称される標高2236mの独立峰。眺める角度により山容が変わり、屈強な姿が印象的。

大パノラマが広がる**展望**

岩手県◆盛岡市

岩山展望台

いわやまてんぼうだい

堂々たる山脈を望む
屈指の景勝地

岩 山公園にあり、盛岡の市
街地や岩手山などの奥羽
山系、早池峰山などの北上山
系まで周囲の山並みを眺める
ことができる。写真は岩手山。

山形県◆大蔵村

四ヶ村の棚田

しかむらのたなだ

後世に残したい
日本の原風景

4 つの集落を総称して四ヶ
村とよび、約120haに
及ぶ棚田がある。毎年8月に
開催される「ほたる火コンサ
ート」は、夏の風物詩。

秋田県◆男鹿市

八望台

はちぼうだい

高台から眺める
雄大なロケーション

戸賀湾の東側に位置し、眼下に一ノ目潟や日本海を見渡せる。晴れた日には白神山地も眺望できる。

秋田県◆にかほ市

鉾立

ほこだて

渓谷の先に広がる
日本海の壮観な景色

鳥海山5合目にある象潟口の登山道起点にある。展望台からは、日本海や奈曽川、V字型の奈曽渓谷を眼下に収めることができる。

秋田県◆男鹿市

寒風山展望台

かんぷうざんてんぼうだい

360度のパノラマを
すみずみまで堪能

山頂に立つビュースポット。円形の建物には、床ごと回転する展望スペースがあり、日本海、白神山地、鳥海山と360度の眺めが楽しめる。

高原一面に広がる
まぶしい黄色のスペクタクル

福島県◆喜多方市

三ノ倉高原

さんのくらこうげん

三ノ倉スキー場のゲレンデを利用した、約8haの花畑は東北最大級。8月上旬〜9月上旬に、約250万本のヒマワリが咲き誇る。

宮城県◆色麻町

愛宕山公園

あたごやまこうえん

桃色のシャクヤクが遊歩道を華やかに

街を一望できる公園。6月に約4000㎡の畑に約1万株のシャクヤクが咲き誇る。7月に見頃を迎える数万本のアジサイも美しい。

福島県◆平田村

ジュピアランドひらた

じゅぴあらんどひらた

ピンクのじゅうたんに人々が魅了される

毎年4月末〜5月中旬に芝桜まつりを開催。期間中は、赤やピンク、白といった約20万株の芝桜が咲き、多くの人で賑わう。

秋田県◆美郷町

美郷町ラベンダー園

みさとちょうらべんだーえん

白と紫の対比は初夏の風物詩

約2haの畑に、約2万株のラベンダーがいっせいに開花する。美郷町オリジナル品種のホワイトラベンダー「美郷雪華」も必見。

青森県◆横浜町

横浜町の
菜の花畑
よこはままちのなのはなばたけ

鮮やかな黄色が
大地を埋め尽くす

約 100haの作付け面積を誇る菜の花畑が果てしなく続く。5月中旬が見頃で、開花期間中に開催される「菜の花大迷路」も名物。

山形県◆山形市

面白山
コスモスベルグ
おもしろやまこすもすべるぐ

秋の訪れを告げる
可憐なオレンジの花

9 月上旬～10月上旬ごろに開花する、キバナコスモスが一面を彩る。一般的なコスモスとは異なる、濃いオレンジ色の花があでやかだ。

福島県◆南会津町

高清水
自然公園
たかしみずしぜんこうえん

国内最大級の群生は
薄紅色の美景

標 高800mほどにある自然地形を生かした公園。ヒメサユリの群生地があり、6月中旬～7月上旬まで約100万本が花開く。

春の訪れを祝福する桜

秋田県◆仙北市

桧木内川堤
ひのきないがわづつみ

川沿いに広がる
華やかな桜の花霞

全 長約2kmの桜並木。満開の時期になると堤に沿ってトンネルに変化。角館の風情ある街と一緒に散策したい。

青森が誇る満開の桜の
豪華絢爛マリアージュ

青森県◆弘前市

弘前公園

ひろさきこうえん

毎 年200万人以上が訪れ
る、東北屈指の桜の名所。
満開が過ぎたころの、花びら
が弘前城の外濠を埋め尽くす
「花筏」も幻想的でおすすめ。

福島県◆猪苗代町

観音寺川

かんのんじがわ

美しい桜のアーチが
街を賑やかに彩る

穏 やかな川沿いに植えられ
た、約1km続くソメイヨ
シノの桜並木。4月下旬〜5
月初旬に見頃を迎え、多くの
花見客が訪れる。

103

北上展勝地

きたかみてんしょうち

約150種の桜が咲く
北上川の展勝地

日 本さくら名所100選に選ばれる東北有数の桜の名所。約2kmにわたって植えられた桜並木が見事。夜桜のライトアップもある。

約1200本の
桜のトンネルを歩く

宮城県◆大河原町ほか

白石川堤一目
千本桜

しろいしがわづつみひとめせんぼんざくら

隣 接する柴田町まで続く全
長約8kmの白石川堤に、
ソメイヨシノを中心とした桜
の木が並ぶ。特に韮神堰から
の眺望がすばらしい。

福島県◆喜多方市

日中線
しだれ桜並木

にっちゅうせんしだれざくらなみき

うらうかな春日和に
薄紅の空をあおぐ

旧 国鉄日中線の跡地にあ
る、約3kmのしだれ桜の
並木道。道の途中には当時運
行していたSLの展示もあり、
人気の撮影場所となっている。

Forest

新緑の季節に現れる幻想の森

青森県◆西目屋村ほか

白神山地
しらかみさんち

太古の自然が残る
神秘的な原生林

1993年、日本初の世界自然遺産に登録された山岳地帯。東アジア最大級のブナ林が広がり、多数の散策コースが設けられている。

ほとばしる清流に
心が洗われる

青森県◆十和田市

奥入瀬渓流

おいらせけいりゅう

十 和田湖東岸の子ノ口から
焼山まで約14km続く。
渓流水の透明度が極めて高く、
希少な苔類が生い茂っている
のも特徴。

山形県◆飯豊町

白川ダム湖の
水没林

しらかわだむこのすいぼつりん

水面から生える柳は
期間限定の絶景

大 量の雪解け水がダムに流
れ込んで、満水になった
湖に現れる珍しい景観。4月
中旬～5月中旬が見頃で、早
朝の水鏡や朝霧も幻想的。

静かに世界を染める紅葉

朝焼けに照らされ
水鏡に映る秋景色

青森県◆十和田市

蔦沼
つたぬま

ブナの原生林に囲まれた沼
は、朝日を浴びて燃える
ように輝く。風のない晴れた
日に、沼の水面に赤く染まっ
た木々が映り込むさまは見事。

宮城県◆大崎市

鳴子峡

なるこきょう

紅葉と緑が調和する
大迫力の渓谷美

高さ約100mの断崖が続く深い渓谷。赤や黄に色づいたブナやカエデが、険しい岩肌や常緑の松と見事な競演をみせる。

宮城県◆栗原市ほか

栗駒山

くりこまやま

山肌を覆い尽くす
鮮やかなじゅうたん

山全体を染める紅葉は「神のじゅうたん」と称され、赤や黄色のグラデーションが美しい。登山道が整備され、山頂からの眺めは格別。

宮城県◆七ヶ宿町
やまびこ吊り橋
やまびこつりばし

壮大な山容を望める 隠れた佳景

延 長120mの東北一大きな吊り橋で、中央は高さ20m。不忘山と横川渓谷が一望でき、紅葉の時期になると圧巻の美景が目の前に広がる。

宮城県◆松島町
円通院
えんつういん

境内に照らされる 赤色紅葉にうっとり

伊 達政宗公の孫・光宗公の菩提寺。秋には約350年前に造られた石庭がライトアップされ、紅葉の赤色がより華やかになる。

雪と氷に包まれた白銀の世界

青森県◆十和田市

奥入瀬渓流の氷瀑

おいらせけいりゅうのひょうばく

真冬の季節に瀑布が姿を変える

渓 流沿いに点在する14本の滝は、冬になると大小さまざまな形の氷瀑に。夜にはライトアップされ、専用バスで周るツアーも多くある。

山形県◆山形市ほか

蔵王の樹氷

ざおうのじゅひょう

雪と氷が織りなす神秘の巨像群

蔵 王連峰の特殊な気象条件により奇跡的に生み出される自然の芸術。山の斜面を樹氷が覆う姿から「スノーモンスター」とよばれる。

112

福島県◆猪苗代町

しぶき氷

しぶきごおり

凍てつく冬に現れる
氷の芸術作品

波 しぶきが樹木などに氷着する、国内では珍しい現象。1月上旬〜2月中旬が見頃で、湖面では流氷や隆起など、さまざまな氷の変化が楽しめる。

福島県◆飯坂町ほか

二ツ小屋隧道の
氷柱

ふたつごやずいどうのつらら

厳冬期に見られる
近代産業の遺産

福 島県と山形県の間にある、旧栗子峠に残る隧道のひとつ。冬期はトンネルの損傷箇所から漏れ出る水分が凍り、氷柱群がつくり出される。

岩手県◆八幡平市ほか

八幡平
雪の回廊

はちまんたい ゆきのかいろう

春先に出現する
雪のドライブコース

冬 期通行止めとなる八幡平アスピーテラインを除雪した際に現れる雪の回廊。全長約27kmの長さで、撮影スポットとなっている。

113

趣深いノスタルジックな**街並み**

江戸の面影を残す
茅葺き民家の街並み

大内宿 福島県◆下郷町

おおうちじゅく

 戸時代に旅人が立ち寄った集落の宿場町で、昔懐かしい原風景が広がる。本陣など復元整備が行われ、観光名所となっている。

山形県◆尾花沢市

銀山温泉

ぎんざんおんせん

大正モダンな旅館が
軒を連ねる

か つて延沢銀山が栄えた歴史のある温泉郷。夜になると淡い光のガス灯がともり、大正末期に建てられた木造建築の温泉旅館に映える。

秋田県◆仙北市

角館

かくのだて

武家屋敷が並ぶ
みちのくの小京都

城 下町として栄え、現在も藩政時代の地割が残る。武家屋敷通りを中心に四季折々の風景が楽しめ、情緒あふれる歴史にふれられる。

自然とともにある**社寺**の風景

俳聖も心奪われた
静寂に包まれた空間

宝珠山立石寺 （山形県◆山形市）

ほうじゅさんりっしゃくじ

貞 観2年（860）に慈覚大師が開いた天台宗
の寺。通称「山寺」で親しまれ、1000段
以上の石段の先に、圧巻の景色が待ち受ける。

青森県◆弘前市

岩木山神社
いわきやまじんじゃ

津軽の岩木山を望む
重厚な社を参拝

岩木山を御神体として創建され、1200年以上の歴史を誇る。国の重要文化財に指定されており、社殿に施された桃山時代の彫刻は必見。

山形県◆鶴岡市

羽黒山五重塔
はぐろさんごじゅうのとう

厳かな雰囲気が漂う
国宝の五重塔

平安中期に平将門が創建したと伝わる。現在の塔は約700年前に再建されたもので、東北最古の塔といわれている。

川や渓谷と調和した風情ある橋

岩手県◆遠野市

めがね橋
（宮守川橋梁）

めがねばし（みやもりがわきょうりょう）

『銀河鉄道の夜』を
思わせる物語の聖地

　高さ約20m、全長約107m
の橋梁。日没後にライト
アップされて輝く橋は幻想的。
まるでおとぎ話の中にいるよ
うな雰囲気を味わえる。

優美な姿を湖に映す
全長300mの橋

青森県◆鶴田町

鶴の舞橋

つるのまいはし

廻　堰大溜池に架かる木造三
連太鼓橋ヒバ材の丸太
3000本と板材3000枚を使
った橋と岩木山が織りなす風
景は格別。

青森県◆青森市

城ヶ倉大橋

しょうがくらおおはし

雄大な渓谷風景を
心ゆくまで満喫

眼　下に城ヶ倉渓谷を望むア
ーチ橋。高さは122mで、
アーチ部分の橋の長さが
255mと、上路式アーチで日
本最大級の長さを誇る。

最優秀
制作者賞

令和元年度
ねぶた大賞

宮城県◆仙台市

仙台七夕まつり

せんだいたなばたまつり

涼風になびく
華麗な七夕飾り

竹と和紙で作られた、約3000もの七夕飾りが市内を彩る。吹き流しやくす玉など、趣向を凝らした色とりどりの装飾が美を競い合う。

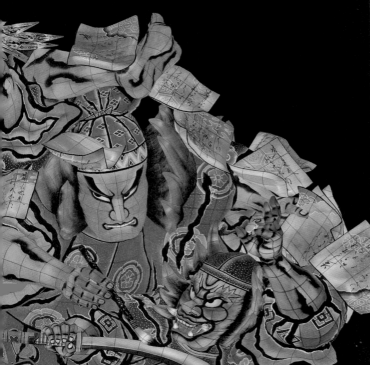

青森県◆青森市

青森ねぶた祭

あおもりねぶたまつり

北国の夏を包み込む
豪華絢爛な巨大灯籠

青森を代表する祭り。大型ねぶたの前を跳人が乱舞し、武者や歌舞伎などをかたどった山車灯籠が街を巡行する様子は、圧巻のひと言。

青森菱友会　制作：竹浪比呂央

秋田県◆秋田市

秋田竿燈まつり

あきたかんとうまつり

夏の夜空を照らす
黄金の稲穂が揺れる

稲穂に見立てた竿燈を手のひら、額、肩、腰に絶妙なバランスで乗せ五穀豊穣を祈願するまつり。提灯をともした約280本の竿燈が会場の竿燈大通りを埋め尽くす。

全国花火競技会
「大曲の花火」

ぜんこくはなびきょうぎかい「おおまがりのはなび」

夜空を覆い尽くす
花火と光の共演

明 治43年（1910）から続く権威ある花火大会。全国から選抜された一流の花火師たちが日本一の座を目指し、打ち上げ花火で腕を競う。

SENDAI
光のページェント

せんだいひかりのぺーじぇんと

輝きが満ちあふれる
黄金色の街並み

仙 台のシンボルロード、定禅寺通りのケヤキ並木に数十万個のLEDが飾られる。点灯する瞬間はため息が出るほどの美しさ。

横手の雪まつり 秋田県◆横手市
よこてのゆきまつり

約450年の歴史をもつ伝統行事。職人が作ったかまくらが市内に並び、やわらかな灯りに包まれる。写真は蛇の崎川原のミニかまくら。

会津絵ろうそくまつり 福島県◆会津若松市
あいづえろうそくまつり

会津の伝統的工芸品である絵ろうそくが、鶴ヶ城をはじめ市内各所をほんのり照らす。雪の中に灯るろうそくが神秘的。

岩手県◆西和賀町
湯田ダム
ゆだだむ

レインボーに輝く写真映えポイント

和賀川に建設されたダムで、東北地方では唯一の重力式アーチダム。毎年7〜10月に、滝の内部からライトアップを行い、7色に照らされる。

123

COLUMN

外国人たちのディスカバージャパン

米沢平野は、南に繁栄する米沢の町があり、
北には湯治客の多い温泉場の赤湯があり、
まったくエデンの園である。
「鍬で耕したというより鉛筆で描いたように」美しい。（中略）
実り豊かに微笑する大地であり、アジアのアルカデヤ（桃源郷）である。

イザベラ・バード『日本奥地紀行』
高梨健吉訳

イザベラ・バードが見た米沢

米沢の牧歌的風景と豊かな生活。女性探検家が思い描いた理想郷

英国人のイザベラ・バードは、明治11年（1878）年に東京から北海道を旅した女性探検家だ。東北や北海道のアイヌ集落など、西欧人にとって未開の地であった北日本の内陸部を訪ね、旅行記『日本奥地紀行』を帰国後に出版。旅先で出合った風景や人々の生活・文化にふれて感じた驚きや感動が表現力豊かに綴られ、母国でロングセラーとなる人気を博した。

東京を起点に、牛や馬、徒歩での過酷な旅を続けていたイザベラは、新潟から難所の十三峠を越えて置賜盆地（米沢平野）にたどり着く。悪路を終え眼前に開けた盆地の田園風景に心を奪われる。山々に抱かれて点在する実り豊かな集落、温泉にも恵まれる米沢の魅力をヨーロッパの桃源郷に例え、「アジアのアルカデヤ」と最大の賛辞を著書に書き残した。

イザベラ・バード
Isabella Lucy Bird　1831-1904

イギリス出身の探検家。幼少より病弱で脊椎の持病があり、転地療養のためアメリカ、カナダを旅行して最初の旅行記を執筆。40歳を過ぎて精力的に世界各地を旅行した。日本では北日本の後に関西にも立ち寄り、7カ月で4500km以上を旅した。

置賜盆地　山形県◆米沢市
おきたまぼんち

最上川上流の米沢市を中心に広がる山形県南部の盆地。朝日、吾妻、蔵王の山々に囲まれ、水田地帯が広がる米どころ。赤湯、小野川などの温泉地にも恵まれている。

関東

関東 _{かんとう}

日本一広い関東平野が続く、1都6県からなる地域。自然に恵まれた北関東と、首都圏である南関東に分かれ、歴史情緒と時代の最先端を同時に体感できる。

さわやかなネモフィラの青に染まる国営ひたち海浜公園

花と緑に包まれた大自然が魅力

茨城県 _{いばらき}

県庁所在地 水戸市　**政令指定都市** なし
面積 6097km²(全国24位)　**人口** 約291万人(全国11位)

関東平野などの平地に富んでおり、可住面積は全国第4位を誇る。日本で2番目に大きい湖である霞ケ浦は、県の面積の3分の1を占めている。日本屈指の農業地帯で、農業産出額は北海道に次いで第2位である。

主な絶景 紅葉の名所である花貫渓谷や、鮮やかなネモフィラのブルーに包まれる国営ひたち海浜公園など自然あふれるフォトジェニックなスポットが多い。鳥居と海岸のコントラストに圧倒される大洗磯前神社、雨引観音(楽法寺)のアジサイなど、国内有数のパワースポットでは、季節の花や自然が生み出す美しい景色も魅力。

さわやかな高原と歴史が香る街

栃木県 _{とちぎ}

県庁所在地 宇都宮市　**政令指定都市** なし
面積 6408km²(全国20位)　**人口** 約197万人(全国18位)

県の約54%が森林で占められており、北部から西部の山岳地帯は日光国立公園に指定されている。北関東工業地域の一部を形成している工業、酪農や果物を中心とした農業、日光などの観光業、宇都宮を中心とした商業と、街により異なる魅力をもつ。

主な絶景 豪華絢爛な建築で有名な日光東照宮や二荒山神社は世界遺産に登録されている。名瀑である華厳ノ滝や中禅寺湖など、歴史ある寺社や雄大な自然が素敵。

約97mの高さがある華厳ノ滝

屈強な山岳に抱かれた温泉大国

群馬県 _{ぐんま}

県庁所在地 前橋市　**政令指定都市** なし
面積 6362km²(全国21位)　**人口** 約197万人(全国19位)

本州の山岳地帯にある内陸県。秩父山地などからのフェーン現象と東京都心のヒートアイランド現象による熱風の影響で、夏は40℃前後まで気温が上がる全国でも有数の酷暑地帯。国内外からの人気が高い草津は、日本を代表する源泉を誇る温泉街。

主な絶景 浅間山や谷川岳など、県を代表する山々には、広大な湿原や高原があり、自然がつくり出す美景を見せてくれる。新緑や紅葉、季節ごとに咲く美しい花々など、一年を通してさまざまな絶景が広がる。

湿原植物の宝庫と名高い尾瀬ヶ原

穏やかな自然と江戸情緒が残る

埼玉県 _{さいたま}

県庁所在地 さいたま市　**政令指定都市** さいたま市
面積 3797km²(全国39位)　**人口** 約726万人(全国5位)

県東部は関東平野の中央に位置し、県西部には関東山地が広がる。小江戸と称される川越や9基の大型古墳がある埼玉古墳群などに見られる歴史あふれるスポットや、さいたま市や川口市を中心に開発が進む全国でも有数の商業都市を有する。

主な絶景 蔵造りの建物が並ぶ川越の街は国の重要伝統的建造物群保護地区に選定され、江戸の面影を留めた情緒を感じる。秩父エリアにある羊山公園では、色鮮やかな芝桜のじゅうたんの絶景が有名。

丘一面がピンク色に染まる羊山公園の「芝桜の丘」は人気の観光名所

四季の花と海辺が織りなす美景

千葉県 _{ちば}

県庁所在地 **千葉市**　政令指定都市 **千葉市**
面積 **5157km²**（全国28位）　人口 **約622万人**（全国6位）

太平洋に突き出た半島。貿易港として栄える千葉港、日本の玄関口とよばれる成田国際空港、漁港として日本有数の知名度を誇る銚子港、集客数日本一のテーマパークなど、地域資源や観光資源とバランスの取れた産業構造を形成している。

主な絶景　日本一の砂浜海岸を有する九十九里浜や断崖絶壁の屏風ケ浦、銚子半島最東端にある白亜が眩しい犬吠埼灯台など、海が織りなす絶景が各所に点在する。

日本の渚百選に選定されている九十九里浜。美しい夕景もおすすめ

輝く海岸と古都の街が調和する

神奈川県 _{かながわ}

県庁所在地 **横浜市**　政令指定都市 **横浜市、川崎市、相模原市**
面積 **2416km²**（全国43位）　人口 **約912万人**（全国2位）

相模湾と東京湾に囲まれた日本でも有数の大都市。東京湾側は横浜やみなとみらい、川崎といった商業と工業が盛んなエリアで、相模湾沿岸はセレブに愛されている鎌倉や逗子、葉山といった、日本でも屈指の高級住宅街が広がる。

主な絶景　川崎の臨海部に広がる工場地帯や、横浜の中心地みなとみらいをメインに、きらびやかな夜景が見どころ。また、西部に位置する丹沢山地や芦ノ湖など、自然豊かな絶景を楽しむこともできる。

観光はもちろん夜景スポットとしても人気のみなとみらい21

高層ビル群の輝かしい夜景に東京タワーの赤のコントラストが映える

国内外の最先端が集まる大都会

東京都 _{とうきょう}

都庁所在地 **新宿区**　政令指定都市 **なし**
面積 **2194km²**（全国45位）　人口 **約1351万人**（全国1位）

東は東京湾に面し、西は関東山地に囲まれた日本の首都。鉄道網や航空路の中心的役割を担い、国内最大の人口を有する国際都市。金融機関や行政機関、大企業が集中し、日本を代表する最新鋭の施設が点在。文化、芸術などを発信し続ける。

主な絶景　渋谷や新宿をはじめ、流行最先端の施設や高層ビルが並ぶ。東京スカイツリー® や東京タワーなどから見下ろす、大都市のきらめく夜景は圧巻。世界遺産に登録されている小笠原諸島は、ボニンブルーとよばれるエメラルドや紺碧に輝く美しい海が広がる。

澄んだ水面が美しい奥多摩湖

関東の世界遺産

- 日光の社寺（日光東照宮）【栃木県】→P171
- 小笠原諸島【東京都】→P145
- ル・コルビュジエの建築作品 –近代建築運動への顕著な貢献-（国立西洋美術館）【東京都】
- 富岡製糸場と絹産業遺産群【群馬県】

透き通ったブルーの海が輝く小笠原諸島

関東 ◆ 絶景インデックス 106 スポット

夜桜が幻想的な千鳥ヶ淵公園

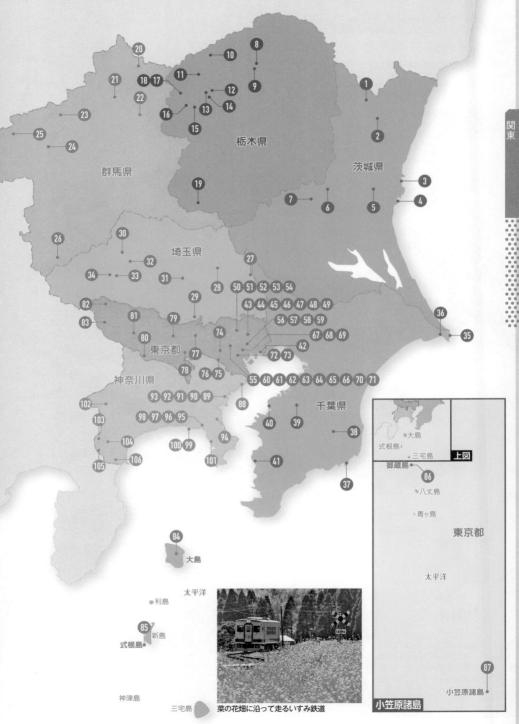

栃木県

茨城県

群馬県

埼玉県

東京都

神奈川県

千葉県

大島

利島

太平洋

新島

式根島

神津島

三宅島

菜の花畑に沿って走るいすみ鉄道

大島

式根島

三宅島

御蔵島

八丈島

青ヶ島

東京都

太平洋

上図

小笠原諸島

小笠原諸島

Cherry blossom

桜が咲き誇るピンクの世界へ

一面に広がる桜並木を眺め
春の訪れを川辺で感じる

東京都◆目黒区ほか

目黒川
めぐろがわ

沿い約4kmにわたり、約800本の桜並木が続く都内有数の桜名所のひとつ。開花時期のライトアップや桜まつりも人気だ。

お堀に枝垂れる桜に
大都会の風情を感じる

千鳥ヶ淵公園 東京都◆千代田区

ちどりがふちこうえん

皇居の堀に沿う桜並木。ボートから眺める枝垂れた花木が見事で、アクティブに楽しむ人も多い。夜になるとライトアップされ、水面に浮かぶ花びらは幻想的。

東京都◆世田谷区ほか

多摩川
たまがわ

花の香に誘われて
のどかな時間を過ごす

子玉川駅から田園調布までの多摩川堤防沿いに広がる桜並木。なだらかな芝生があり、桜の木の下で花見やピクニックなどを楽しめる。

埼玉県◆秩父市

羊山公園
ひつじやまこうえん

広大な地に広がる
圧巻の芝桜に感動!

桜の植栽面積は約1万7600㎡と、関東でも有数の規模を誇る。9品種、40万株以上の色とりどりの花が咲き、まるでアートのような美しさ。

東京都◆台東区

上野恩賜公園
うえのおんしこうえん

東京を代表する
桜の名所で憩う

戸時代から花見の聖地として知られ、明治6年(1873)に日本初の公園に指定された場所のひとつ。春には800個のぼんぼりが灯され、夜桜を堪能できる。

ドラマチックに色づく**紅葉**

洗練された街を染める
壮観なる黄金のじゅうたん

東京都◆新宿区ほか
明治神宮外苑
めいじじんぐうがいえん

約300m続く並木道には、146本のイチョウが植えられている。秋には黄金色のトンネルとなり、感動的な紅葉スポットに変化する。

東京都◆文京区

小石川後楽園
こいしかわこうらくえん

真っ赤に染まった
モミジが水辺を彩る

水 戸徳川家の上屋敷内にあった庭園。国の特別史跡、特別名勝に指定されており、秋にはイロハモミジやケヤキ、イチョウなどが紅葉する。

関東

埼玉県◆秩父市ほか

秩父ミューズ
パーク
ちちぶみゅーずぱーく

青空に映える
鮮彩なイチョウ並木

ス カイロードに約500本のイチョウが立ち並ぶ。黄葉のトンネルや足元に広がる黄金のじゅうたんに囲まれ、秋景色を楽しめる。

東京都◆文京区

六義園
りくぎえん

山陰橋を包みこむ
赤と黄の荘厳な風景

江 戸期を代表する回遊式築山泉水の大名庭園。イロハカエデ約400本や、ハゼノキやイチョウなどの木々が庭園を鮮やかに彩る。

135

季節の移ろいに興じる花

埼玉県◆東秩父村

秩父高原牧場
ちちぶこうげんぼくじょう

息をのむ絶景が続く
満開の赤いポピー

❺haの敷地内に約1000万本のシャーレポピーを植栽。圧巻の光景は「天空のポピー」とよばれる。季節のイベントも必見。

ブルーの空と花が重なる
夢のような大パノラマ

茨城県◆ひたちなか市

国営ひたち海浜公園

こくえいひたちかいひんこうえん

開 園面積約215haの広い園内では、四季折々さまざまな花を観賞できる。春に楽しめる約530万本のネモフィラは、あたり一面を鮮やかなブルーに染め、訪れた観光客を魅了する。

千葉県◆大多喜町ほか

いすみ鉄道

いすみてつどう

黄色の世界へ続く
菜の花列車が走る

鉄 道沿線の約15kmを菜の花が埋め尽くす。沿線には桜並木もあり、4月は桜のピンクと菜の花の黄色のコントラストも楽しめる。

蓮田ひまわり畑

はすだひまわりばたけ

太陽に向かって咲く
大きなヒマワリ

約2万㎡の休耕農地に20
万本のヒマワリが咲き誇
る。夏の日差しに照らされた
躍動感あふれる姿と、青空は
まさに絶景。

あしかが
フラワーパーク

あしかがふらわーぱーく

季節を肌で感じる
紫の藤の花が見事

園のシンボルである大藤4
本と、80mに及ぶ白藤
のトンネルは見ごたえ抜群。
開花期間に合わせて夜間はラ
イトアップされ、昼間とは異
なる景色が堪能できる。

湯河原梅林 (神奈川県◆湯河原町)

ゆがわらばいりん

約 4000本の紅白の梅が咲く。山の上からは紺碧の相模湾を見下ろすことができ、梅とのグラデーションもみどころ。

たんばらラベンダーパーク (群馬県◆沼田市)

たんばららべんだーぱーく

5 万株のラベンダーが7月中旬から8月上旬に咲き誇る。標高1300mの涼しい高原に広がるラベンダー畑は息をのむ美しさ。

(東京都◆立川市ほか)

国営昭和記念公園

こくえいしょうわきねんこうえん

可憐なチューリップが
華やかな景観をつくる

渓 流沿い約700mにわたりカラフルなチューリップが咲く。ポピーやコスモスなど、四季折々の花が広大な園内を彩る。

Lake

豊かな水をたたえる湖

緑が香る東京の秘境で
四季折々の景観を楽しむ

東京都◆奥多摩町

奥多摩湖

おくたまこ

桜や新緑、紅葉や雪景色と、四季により表情を変える都内最大の湖。「ドラム缶橋」とよばれる麦山の浮橋があり、奥多摩湖の湖面散策ができる。

奥四万湖
おくしまこ

透き通った湖面は
最上級の四万ブルー

四万川をせき止めた四万川ダムによってつくられたダム湖。四万ブルーとよばれる神秘的なコバルトブルーの湖で、きらめく湖面は写真映え抜群の絶景。

湯ノ湖
ゆのこ

山脈の自然と調和し
湖面が緑色に染まる

三岳の噴火で湯川がせき止められてできた堰止湖。三方を山に囲まれており、湖岸にある散策路を一周しながら自然を満喫できる。

神奈川県◆山北町

丹沢湖

たんざわこ

きらめく宝石のような
眩しいブルーに興奮

保ダムの建設により出現した人造湖。湖面には大仏大橋、永歳橋など57の橋が架かる。湖畔からは富士山を眺望することができる。

栃木県◆日光市

中禅寺湖

ちゅうぜんじこ

華厳ノ滝へと流れる
穏やかな景勝地

光国立公園内にある湖。季節により移ろう景観が魅力的で、特に初夏のツツジと秋の紅葉は見事。遊覧船からの景色もおすすめ。

神奈川県◆箱根町

芦ノ湖

あしのこ

遊覧船から望む
山脈とパワースポット

根山のカルデラ湖。水源の大部分は湖底からの湧き水で、富士山も望める景勝地。湖畔には、古くから武将に愛された箱根神社が立つ。

太平洋がもつ多様な**海**の表情

千葉県◆銚子市

屏風ケ浦

びょうぶがうら

白亜紀の記憶が残る
屈強な岸壁がそびえる。

約10kmにわたり、高さ約50mの断崖が続く。波で削られてできた崖は「東洋のドーバー」とよばれ、国の名勝と天然記念物に指定されている。

マリンブルーのきらめく海と
どこまでも続く地平線を追う

神奈川県◆鎌倉市

由比ガ浜

ゆいがはま

鎌 倉の中心にあるビーチ。江ノ島電鉄からのアクセスも良好で、夏には多くの海水浴客がマリンスポーツやおしゃれな海の家に集まる。

関東

東京都◆小笠原村

小港海岸

こみなとかいがん

小笠原諸島が誇る
天然の絶景ビーチ

父 島で最大のビーチ。鮮やかなエメラルドグリーンの海と白い砂浜は、まさに楽園の絶景。運がよければウミガメの産卵に遭遇することも。

145

御蔵島

みくらしま

やさしいイルカと
ふれあえる奇跡の海

憧れのドルフィンスイムが叶う島として名高い東京の離島。周囲の海には160頭前後のミナミハンドウイルカが生息し、船での見学ツアーも開催されている。

犬吠埼灯台

いぬぼうさきとうだい

関東平野の最東端で
美しい朝日を眺める

日本で最も早く日の出を見ることができるスポットとして有名な犬吠埼に立つ灯台。全国に16しかないのぼれる灯台のひとつ。街のシンボル的な存在。

江の島

えのしま

鎌倉から足をのばし
海岸線を楽しむ

湘南を代表する景勝地。江の島弁天橋を渡ると、江の島シーキャンドルや江の島岩屋などの名所があり、海絶景を満喫しながら観光できる。

立石公園 神奈川県◆横須賀市

たていしこうえん

（波）打ち際に突き出した高さ12mの巨岩「立石」がそびえる海岸公園。古くから景勝地として知られ、歌川広重もこの地を描いている。

泊海水浴場 東京都◆新島村

とまりかいすいよくじょう

（岩）で囲まれた扇形の入り江が特徴的。抜群の透明度を誇り、真っ白な砂浜がエメラルド色の海を際立たせる。遠浅のため海水浴も楽しめる。

千葉県◆木更津市

江川海岸

えがわかいがん

水面に映る夕日が
フォトジェニックと話題

（県）内屈指の夕景観賞スポット。海面に反射して映し出される赤い夕日は神々しく、まさに絶景。「天空の鏡」とも称されている。

最新鋭の**デジタルアート**

自然と最新技術が交差する
フォトジェニックな森を歩く

武蔵野樹林パーク
チームラボ どんぐりの森の呼応する生命 （埼玉県◆所沢市）

むさしのじゅりんぱーく ちーむらぼ どんぐりのもりのこおうするせいめい

武蔵野の森が光のアート空間へと姿を変える。非物質的であるデジタル技術で、自然そのままがアートになる独創的な展示が魅力。自由に歩き、探索し、新しい発見ができる創造空間は、まるで別世界に迷い込んだよう。

東京都◆中央区

アート
アクアリウム
美術館

あーとあくありうむびじゅつかん

幻想的な光と金魚の
コラボレーション

美しく舞う金魚を、光・音・香りのオリジナル演出で魅せる、生命の宿る美術館。和情緒を感じる美しさとデザイン性の高さにうっとり。

東京都◆豊島区

SKY CIRCUS
サンシャイン60
展望台

すかいさーかすさんしゃいんろくじゅうてんぼうだい

街なかの展望台が
フォトジェニック空間に

室内360度を鏡と映像に囲まれた体験型展望台無限スケープ。万華鏡のような幾何学的な模様が映し出され、ファンタジックな空間を演出してくれる。

東京都◆港区

マクセル
アクアパーク
品川

まくせるあくあぱーくしながわ

きらめく光と映像が
ナイトショーを演出

ドルフィンパフォーマンスが幻想的な空間に。ナイトバージョンは、360度の円形会場が四季折々で変わるさまざまな映像や光に包まれ、感動すること間違いなし。

高層ビルや星が光輝く夜景

東京都◆渋谷区

SHIBUYA SKY

しぶや すかい

東京屈指の繁華街を一望する最新展望台

全面ガラス張りの屋内展望回廊と屋根のない屋上展望空間があり、光り輝く渋谷繁華街とスクランブル交差点の賑わいを見下ろせる。

神奈川県◆横浜市

みなとみらい21

みなとみらいにじゅういち

横浜ランドマークタワーや赤レンガ倉庫、よこはまコスモワールドの観覧車など、ため息がでるくらい綺麗な港の夜景を余すことなく眺望できる。

港街の灯りが放つ
ロマンチックな海夜景

東京都◆港区

六本木
けやき坂通り

ろっぽんぎけやきざかどおり

高級ブランド街が
雪景色のように輝く

白と青のきらめく光が灯るイルミネーションはまさに雪が降ったような光のアート。坂の中間からは東京タワーを見ることができ、写真撮影におすすめ。

表参道
おもてさんどう

おしゃれな街を飾る
洗練されたライトアップ

毎 年11〜12月にかけて開催されるイルミネーション。歩道に沿って立つケヤキの木にはシャンパンゴールドのライトが輝き、人々を魅了する。

横浜ベイブリッジ 神奈川県◆横浜市
よこはまべいぶりっじ

本 牧埠頭と大黒ふ頭を結ぶ横浜のシンボル。264灯の投光器で主塔がライトアップされ、時間帯により先端部分が青色に変わる。

八方ヶ原 栃木県◆矢板市
はっぽうがはら

標 高1000〜1200mに位置する高原。周囲に街灯がないため、肉眼で星空や天の川の観測ができ、天体観測の名所として知られる。

東京都◆港区

東京タワー

とうきょうたわー

昭和の時代から
街を見守るタワー

高さ333m、東京の街並み
を昔から見守る電波塔。
250mのトップデッキから眺
める夜景やメインデッキのガ
ラス張りの床など、アクティ
ブに景色を楽しめる。

Licensed by TOKYO TOWER

東京スカイツリー® 東京都◆墨田区

とうきょうすかいつりー

全長634mの自立式電波塔として世界で一番高いタ
ワー。横浜や房総半島、晴れの日は富士山も一望
でき、グルメやショッピングなど一日中楽しめる。

©TOKYO-SKYTREE

川崎の工場夜景 神奈川県◆川崎市

かわさきのこうじょうやけい

日本を代表する工場夜景エリア。臨海部には撮影
や観賞できるスポットが無数にある。連日多く
の人たちで賑わっている。

153

Canyon & Waterfall

清らかなせせらぎが響く渓谷・滝

澄みわたる清流の音色と
さわやかな風に癒されて

東京都◆あきる野市
秋川渓谷
あきかわけいこく

多摩川最大の支流ともいわれる渓谷。全長96mの橋「石舟橋」からは、新緑や紅葉などの大自然を望むことができる。

埼玉県◆長瀞町
長瀞
ながとろ

**荒川沿いの石畳を歩き
清らかな渓流にふれる**

結 晶片岩が荒川の流れによって侵食されてできた岩畳が続く川辺。対岸の急な崖は「秩父赤壁」とよばれ、岩中の鉄分が酸化して色づいている。

栃木県◆日光市
華厳ノ滝
けごんのたき

**力強く流れ落ちる
日本を代表する瀑布**

高 さ97m、景勝地として名高い大瀑布。エレベーターで行く観瀑台から間近で眺める滝は迫力満点。

雲竜渓谷 栃木県◆日光市

うんりゅうけいこく

1 月下旬〜2月上旬にかけて滝が完全に凍結し、無数の氷柱が出現。アイスクライミングが楽しめる天然のゲレンデとしても知られる。

吾妻峡 群馬県◆東吾妻町

あがつまきょう

溶 岩が吾妻川の流れにより侵食を受け、現在の地形が形成された。屈曲した川や滝、奇岩など変化に富んだ景観を楽しめ、秋の紅葉時期は多くの観光客で賑わう。

栃木県◆日光市

湯滝

ゆたき

**豊富な水をたたえる
優美な姿を望む**

湯 ノ湖から流れ落ちる滝で、落差は70m。滝の側面には遊歩道が設けられ、落ち口や滝壺、側面の三面から滝の姿を観賞することができる。

袋田の滝

ふくろだのたき

観瀑台から一望する壮麗な美景に感動

日本の滝百選に選定されている。岩壁を4段にわたって流れ落ちることから「四度の滝」ともよばれ、西行法師が絶賛したと伝えられる。

瀬戸合峡　栃木県◆日光市

せとあいきょう

凝灰岩が浸食されて生まれた渓谷。深度100mの岸壁が続く。岸壁に架けられた「渡らっしゃい吊橋」からの眺望は壮観。

おしらじの滝　栃木県◆矢板市

おしらじのたき

底まで透き通って見えるほどの澄んだブルーの滝壺と木々の新緑、木洩れ日の光が織りなす光景は神秘的。

東京都◆世田谷区

等々力渓谷公園

とどろきけいこくこうえん

**都心に広がる渓流と
木陰でひと休み**

街 なかのオアシスとして愛
されている、都心にひっ
そりと広がる渓谷。桜や紅葉
が楽しめ、日本庭園や甘味処
もあるため散策にぴったり。

群馬県◆沼田市

吹割の滝

ふきわれのたき

**水しぶきをあげる
大迫力の滝に驚く**

川 底の多数の割れ目に流れ
込む川水が、吹き上がる
様子から名付けられたとされ
る。横幅は約30mと長く、別
名「東洋のナイアガラ」とも
よばれている。

茨城県◆常陸太田市

竜神大吊橋

りゅうじんおおつりばし

**竜神峡へ続く
国内最大級の吊り橋**

竜 神ダムの上に架けられた
長さ375mの吊り橋。高
さ100mから飛び降りるバン
ジージャンプが名物で、大迫
力のスリルを味わえる。

街が華やぐ季節の**イベント**

東京都◆墨田区ほか

隅田川花火大会

すみだがわはなびたいかい

始 まりは江戸時代といわれ、東京二大花火大会のひとつに数えられる。10社の花火業者が、花火の技術と美しさを競い、技巧が光る美しい花火が夜空を彩る。

夜空に浮かぶ鮮やかな花火は
小粋な江戸の夏の風物詩

かつうら
ビッグひな祭り

かつうらびっぐひなまつり

迫力満点の景観
ひな人形の段飾り

徳　島県勝浦町から約7000
体のひな人形を譲り受け
て開催されたのが始まり。遠
見岬神社の石段一面におよそ
1800体の人形が飾られるさ
まは、まさに圧巻。

東京ドイツ村

とうきょうどいつむら

輝くナイトスポットは
関東屈指の冬景色

毎　年異なるテーマをもとに
光のアートを展示。カラ
フルな光で彩られたメルヘン
チックな景色は、おとぎの国
の世界そのもの。

栃木県◆日光市

湯西川温泉
かまくら祭

ゆにしかわおんせんかまくらまつり

極寒の季節に染みる
雪と灯りのあたたかさ

🗓 本夜景遺産「歴史文化夜
景遺産」に認定された冬
のイベント。ミニかまくらの
幻想的なライトアップが、雪
景色にやさしく調和する。

埼玉県◆川越市

川越氷川神社
縁むすび風鈴

かわごえひかわじんじゃえんむすびふうりん

日本の夏を感じる
風鈴の回廊を歩く

約 1500年前に創建した由
緒ある神社で、縁結びの
神様を祀る。夏限定で色彩豊
かな風鈴が飾られ、涼しげな
音色と景観を楽しめる。

東京都◆港区

カレッタ汐留

かれったしおどめ

音楽と光に包まれる
イルミネーションショー

約 60軒の店舗が入った複
合商業施設。冬季シーズ
ンは都内有数のイルミネーショ
ンスポットとして、楽曲と
光が連動するエンターテイン
メント空間を楽しめる。

都市に調和する近代建築

新旧の融合が際立つ駅舎は東京を代表するモダン建築

東京駅　東京都◆千代田区

とうきょうえき

大　正3年(1914)、辰野金吾が建築した東京駅が開業。当時の姿を2012年に復元したレトロなデザインが魅力。鮮やかな外壁の赤レンガは1・2階部分を創建当時のまま残している。

<東京都◆港区>

迎賓館
赤坂離宮

げいひんかんあかさかりきゅう

上品さを醸し出す
和洋の融合が秀逸

明治42年(1909)に東宮御所として建設。写真は、和の繊細さと西洋の豪華絢爛が見事に調和した「朝日の間」。現在は通年で一般公開を行っている。

<東京都◆台東区>

旧岩崎邸庭園

きゅういわさきていていえん

時代の栄華を感じる
モダンな建築美

築家ジョサイア・コンドルの設計により、明治29年(1896)に完成。英国の洗練された建築技法を巧みに取り入れている。

<神奈川県◆横浜市>

神奈川県庁
本庁舎

かながわけんちょうほんちょうしゃ

荘厳な建築美は
重要文化財に指定

昭和3年(1928)に創建された「キングの塔」の愛称で親しまれる県の中枢。和風意匠を用いた「日本趣味の建築」の先駆的事例とも言われている。

東京国際
フォーラム

とうきょうこくさいふぉーらむ

頭上に広がる
ガラスのアトリウム

🏛 東京都庁の跡地に建設され、国際会議や展示会、コンサートなど年間約4000件開催。天井部の秀逸な構造でできたガラスアトリウムは、繊細かつ洗練されたデザイン。

山手十番館　神奈川県◆横浜市

やまてじゅうばんかん

🏯 和42年（1967）に建てられた館。時計をはめ込んだ塔屋とバルコニーが特徴的で、明治時代のレトロな洋館を再現している。

首都圏外郭放水路　埼玉県◆春日部市

しゅとけんがいかくほうすいろ

🌊 水を防ぐために建設された世界最大級の地下放水路。トンネルは直径10m、長さは6.3kmの規模を誇る。写真の調圧水槽は映画などのロケ地にも活用されている。

東京都◆千代田区

三菱一号館美術館

みつびしいちごうかんびじゅつかん

意匠を丁寧に再現した洋風建築にうっとり

明 治27年(1894)、ジョサイア・コンドルが設計した赤レンガ建築を復元し、美術館として開館。19世紀後半から20世紀前半の近代美術を主題とする企画展を年3回開催している。

葛西臨海水族園　東京都◆江戸川区

かさいりんかいすいぞくえん

大 きなガラスドームが目を引く水族館。GINZA SIXなどデザイン性の高いビルを手がけた、谷口吉生氏の建築。夏季にはライトアップもされる。

江戸東京たてもの園　東京都◆小金井市

えどとうきょうたてものえん

歴 史や文化価値の高い建造物を移築し、復元や保存、展示を行う野外博物館。江戸から昭和中期に建てられたレトロでおしゃれな家や商店が並び、撮影スポットになっている。

別世界へと誘う**洞窟・鍾乳洞**

東京都◆奥多摩町

日原鍾乳洞

にっぱらしょうにゅうどう

総 延長約1270m、高低差約134mの鍾乳洞。赤、青、緑にライトアップされた場所があり、冒険心をくすぐる独特な雰囲気を味わえる。

東京の異世界へ入り込む
清涼なる神秘の洞窟へ

群馬県◆上野村

不二洞

ふじどう

原生林に覆われた
巨大な洞内を探索

約 1200年前に発見されたとされる、関東一の規模を誇る洞窟。全長約2kmの洞内はLEDでライトアップされ、神秘的な光景が広がる。

神奈川県◆藤沢市

江の島岩屋

えのしまいわや

多くの伝説が残る
ミステリアスな洞窟

海 と自然に囲まれた江の島の最奥部にある洞窟。内部には江島神社発祥地があり、約80km離れた富士山周辺の富岳氷穴まで続いているという伝説も。

169

趣深い**社寺**で美景にふれる

太平洋の波が打ち寄せる
神磯の鳥居に日が昇る

大洗磯前神社 （茨城県◆大洗町）

おおあらいいそさきじんじゃ

太平洋に面した丘の上に鎮座する歴史ある神社。岩礁に立つ神磯の鳥居越しに望む日の出は息をのむほどの絶景で、初日の出に訪れる人も多い。

栃木県◆日光市

日光東照宮
にっこうとうしょうぐう

徳川家康公を祀る
豪華絢爛な霊廟

2代将軍徳川秀忠公が造営した家康公を祀る社殿。約30種類の霊獣などが彫刻された国宝の陽明門は、江戸初期の工芸・装飾技術の粋を集めたきらびやかな造り。

豪徳寺 東京都◆世田谷区
ごうとくじ

招き猫の発祥地といわれる寺院。境内には1000体以上の愛くるしい招き猫がずらりと並び、愛らしい光景はフォトジェニックスポットとして話題。

報国寺 神奈川県◆鎌倉市
ほうこくじ

足利尊氏の祖父、家時が創建した寺院。境内には約2000本の孟宗竹が植えられた庭があり、静寂に包まれた竹林を散策できる。

171

明治神宮

めいじじんぐう

大都会に緑が広がる
厳かな神宮を参拝

祭 神は明治天皇と皇后の昭
憲皇太后。令和2年11月
に鎮座100年を迎えた。内苑
は緑にあふれ、日本屈指のパ
ワースポットとして知られる。

雨引観音
（楽法寺）

あまびきかんのん（らくほうじ）

梅雨の時期に浮かぶ
壮麗なアジサイ

安 産子育ての霊場として知
られる寺社。6〜7月に
は、境内の池にアジサイの花
が浮かび、夜にはライトアッ
プされる。

神奈川県◆鎌倉市

高徳院

こうとくいん

国宝大仏が鎮座する
由緒正しき寺社へ

国 の史跡に指定された浄土
宗の寺院。高さ約11m、
重さ約121tの本尊は「鎌倉
大仏」として知られ、ほぼ造
立当初の像容を保つ。

神奈川県◆鎌倉市

鶴岡八幡宮

つるがおかはちまんぐう

鎌倉の街を見守る
歴史ある朱色の社殿

鎌 倉幕府初代将軍源頼朝ゆ
かりの神社で、御本殿な
どが国の重要文化財である。
朱塗りの社殿が木々の緑に映
えて美しい。

東京都◆台東区

浅草寺

せんそうじ

巨大な赤提灯が迎える
下町情緒を残す寺院

都 内最古の寺院。雷門と赤提
灯、仲見世通りなど、世界
各国の観光客からの人気も高い。
ライトアップされた夜も幻想的
でおすすめ。

草花に癒やされる**庭園・公園**

将軍家の庭として整備された
麗しい緑のオアシス

東京都◆中央区

浜離宮恩賜庭園

はまりきゅうおんしていえん

東 京湾から海水を取り入れ、潮の干満で景色の変化を楽しめる回遊式築山泉水庭。ボタン園や花畑もあり、季節を問わず散策が楽しめる。

東京都◆港区

毛利庭園

もうりていえん

**由緒ある江戸の
大名庭園を再現**

江 戸時代、長州を治めた大名毛利家の江戸上屋敷内の庭園をモデルにした池泉回遊式庭園。六本木ヒルズ内にあり、春の夜桜も見事。

神奈川県◆横浜市

称名寺

しょうみょうじ

鎌 倉時代に創建されたと伝わる寺院。庭園には中之島、反橋、平橋が配され、四季折々の花と朱塗りの橋のコントラストが美景。

新緑と草花に映える
紅の橋が架かる浄土庭園

東京都◆北区

旧古河庭園

きゅうふるかわていえん

手入れの行き届いた
和洋の庭が広がる

ヨサイア・コンドルが手掛けた洋館と洋風庭園の奥には京都の庭師・植治作の日本庭園が広がる。春にはバラ、秋はバラとともに紅葉も楽しめる。

175

向島百花園

むこうじまひゃっかえん

緑豊かなトンネルで
爽やかに深呼吸

春の梅や桜、夏、秋と季
節それぞれの花に満ち
た庭園。萩のトンネルは秋の
名物で、翠緑の葉と白や紫の
花の色合いが秋の空に映える。

都立桜ヶ丘公園
ゆうひの丘

とりつさくらがおかこうえん ゆうひのおか

刻々と移りゆく夕日は
ムード満点の美しさ

丘の上から夕日が沈むロマン
チックな景観や街並みを眺
めることができる。のどかな雰
囲気の公園で、ドラマのロケ地
にもなっている。

神奈川県◆横浜市

山下公園
やましたこうえん

海景色に船舶が映る「横浜らしさ」が満載

横 浜の海沿いに広がる公園。横浜ベイブリッジ、赤レンガ倉庫、横浜ランドマークタワー、係留している氷川丸などを眺めながら散策できる。

関東

東京都◆渋谷区

代々木公園
よよぎこうえん

新緑が生い茂る憩いの場でリラックス

都 心で一番広い空が見られる森林公園。噴水や水回廊などの水景施設もある。水と緑に恵まれ、変化に富んだ憩いの場所となっている。

茨城県◆水戸市

偕楽園
かいらくえん

徳川斉昭が造営した梅と竹林の庭園

日 本三名園のひとつで、天保13年(1842)に完成した大名庭園。梅まつりが行われる春には、淡いピンク色に染まった景観が続く。

大地の鼓動を感じる山を歩く

東京都◆大島町

大島裏砂漠
おおしまうらさばく

黒い大地と青い海の
コントラストを楽しむ

三原山の東側一帯の地表を覆う黒い火山岩。国土地理院が発行する地図に「砂漠」と表記された珍しい場所であり、荒々しい光景が話題に。

宝石のように輝く湖面は
活火山が抱く神秘の絶景

草津白根山の湯釜

くさつしらねさんのゆがま

直 径約300m、水深約30mの火
口湖。世界で有数の酸性度が高
い湖で、荒涼とした地にエメラルド
グリーンの湖面が鮮やかに映える。
※2020年10月現在通行規制あり

高尾山

たかおさん

関東を一望できる
大パノラマの山並み

ミ シュラン・グリーンガイ
ド・ジャポン』が3つ星
として評価した山。中腹には
高尾山薬王院があり、パワー
スポットとしてご利益がある。

草原・岩場の個性豊かな自然

千葉県◆鋸南町

鋸山・地獄のぞき

のこぎりやま・じごくのぞき

登山道で出合う
石切場の奇景

房州石の産地として知られる。突き出した岩の先端「地獄のぞき」の展望台では、スリル満点ながら青くなだらかな山の稜線が望める。

群馬県◆片品村ほか

尾瀬ヶ原

おぜがはら

心地よい散策道で
希少な自然を愛でる

尾瀬国立公園内にある、国内最大級の高層湿原地帯。湿原に生息する動植物が多様で、ミズバショウの群生など貴重な光景を観察できる。

神奈川県◆箱根町

仙石原 すすき草原

せんごくはらすすきそうげん

関東一の規模を誇る ススキが風になびく

秋 になると一面に黄金のス スキ草原が広がり、風に 揺られる姿が美しい。毎年3 月中旬〜下旬には、自然体系 を守るため山焼きが行われる。

栃木県◆日光市

日光霧降高原

にっこうきりふりこうげん

ニッコウキスゲが 儚げに咲き誇る

高 山植物の宝庫で、ニッコ ウキスゲの群生地として 知られる。6月下旬〜7月中 旬には約26万株の黄色い花 が開花する。

茨城県◆笠間市

石切山脈

いしきりさんみゃく

観光地として名高い 高級石材の採石場

東 西8km、南北6kmにわた る稲田みかげ石の採掘現 場。岩の割れ目より湧いた水 や雨水が溜まり、「地図にな い湖」がつくられている。

フォトジェニックに出合う美術館・水族館

幻想的な光をまとう
ステンドグラスの芸術

神奈川県◆箱根町

彫刻の森美術館

ちょうこくのもりびじゅつかん

館 内にある高さ18mの展示、
『幸せをよぶシンフォニー
彫刻』がみどころ。塔内のステ
ンドグラスは圧巻の規模で、き
らきらと輝く姿は神秘的。

東京都◆豊島区

サンシャイン
水族館

さんしゃいんすいぞくかん

ペンギンが空を飛ぶ
世界初の展示に感動

水 族館内にあるマリンガー
デンで見られる天空のペ
ンギン。空と光、緑と水に満
ちたオアシスのような空間で、
空を飛んでいるかのように泳
ぐペンギンの展示が魅力。

関東

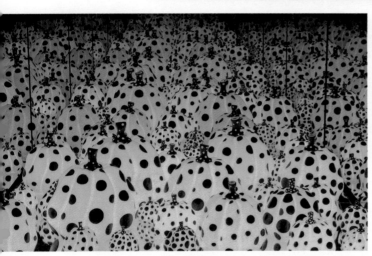

東京都◆新宿区

草間彌生美術館

くさまやよいびじゅつかん

あふれるエネルギーと
芸術性の高さに感動

世 界的なアーティスト、草間
彌生氏の作品がちりばめら
れた美術館。丸い点の組み合わ
せと感性で、多彩なアートや造
形物を生み出している。

© 草間彌生美術館

東京都◆墨田区

すみだ水族館

すみだすいぞくかん

ゆったり泳ぐクラゲと
幻想的な浮遊体験

大 規模リニューアルにより
誕生した新体感水槽「ビ
ッグシャーレ」が話題。約
500匹のミズクラゲが漂う海
の水面に立っているような神
秘的な没入体験を楽しめる。

外国人たちのディスカバージャパン

濃密な森におおわれている
急峻な山に囲まれた絵のような湖である。

アーネスト・サトウ
『日光案内記』庄田元男訳

アーネスト・サトウが見た日光

ヨーロッパに似た湖畔風景をどこよりも愛した一人の外交官

　日光を観光リゾートとして最初に訪れたのは、明治期に日本に暮らした西洋人たち。日光東照宮を観光し、中禅寺湖の広がる景勝地・奥日光で避暑を楽しみ、湖畔には外交官や大使館の別荘が立ち並んだ。彼らの日光ブームを牽引したのが、『日光案内記』を記した英国人外交官のアーネスト・サトウだ。文久2年（1862）に来日し、英国公使館の通訳や駐日公使として幕末維新期の日本で活躍、明治以降は日本各地を訪ねてガイドブックを著した。サトウが最も愛した場所が奥日光だった。ヨーロッパに似た絵のように美しい中禅寺湖の風景を愛し、湖畔に建てた別荘へ年に何度も訪れている。帰国後に別荘は英国大使館別荘に転用。現在は栃木県に寄贈され、英国大使館別荘記念公園として一般公開されている。

アーネスト・サトウ
Ernest Mason Satow　1843-1929

ロンドン出身のイギリス外交官。19歳で来日し、英国公使館日本語書記官、駐日公使などを務めて約25年を日本で過ごす。内縁の妻・武田兼との間に3児をもうけた。女性探検家イザベラ・バードが北日本旅行の際に彼の別荘に立ち寄っている。

中禅寺湖 （栃木県◆日光市）
ちゅうぜんじこ

奥日光の入口に位置し、男体山麓に広がる周囲約25kmの湖。初夏のツツジ、秋の紅葉の時期が特に美しい。周辺には名瀑や寺社、旧大使館別荘などが点在。

甲信越

甲信越 こうしんえつ

アルプスをはじめとした山々と高原がつくり出す壮大な景観が魅力。名称は甲斐(山梨)、信濃(長野)、越後(新潟)のそれぞれの旧国名の頭文字を取ったもの。

荒々しい日本海と豪雪の山地へ

新潟県 にいがた

県庁所在地 新潟市　**政令指定都市** 新潟市
面積 1万2584km²(全国5位)　**人口** 約230万人(全国15位)

日本海に面し、南北に長い地形。上越・中越・下越・佐渡の4地域に区分される。県境には越後山脈など急峻な山地が連なる。全国有数の豪雪県で、山間部には積雪が数mにも及ぶ場所も。信濃川、阿賀野川の流域に広大な越後平野が広がっている。

主な絶景 甲信越では唯一海に面しており、日本海の荒波がつくり出す景観が楽しめる。海岸線が長いので、県内各地で多彩な表情が見られる。全国有数の米どころでもあるため、棚田をはじめとした里山風景も広がる。豪雪地ならではの雪景色も情緒がある。

新緑の時期も美しい美人林

世界遺産の山と渓谷美を満喫

山梨県 やまなし

県庁所在地 甲府市　**政令指定都市** なし
面積 4465km²(全国32位)　**人口** 約83万人(全国41位)

富士山や八ヶ岳、南アルプスなど県土の8割を超える山地と、県央部に広がる甲府盆地からなる。山々から流れる河川や富士山の裾野に広がる富士五湖など水資源も豊か。湿った空気が山に遮られるため、盆地を中心に日照時間は長く、降水量も少ない。

主な絶景 日本一の山・富士山を展望できるスポットが点在。季節の花々や雪など、四季折々の装いで変化する富士山は、何度訪れても新しい発見がある。四囲の山々がつくり出した渓谷美もみどころ。
西沢渓谷など透明度の高い清流が楽しめる渓谷も多い

爽やかな高原と風情ある町並み

長野県 ながの

県庁所在地 長野市　**政令指定都市** なし
面積 1万3561km²(全国4位)　**人口** 約209万人(全国16位)

飛騨山脈、木曽山脈、赤石山脈の3つの大きな山脈が南北に連なり、県内に3000m峰を国内最多の15座有する「日本の屋根」。県内は北信・南信・中信・東信の4つに分かれ、それぞれに内陸盆地が広がる。旧国名から信州ともよばれることも多い。

主な絶景 「山の国」が誇る高原絶景がみどころ。標高が高い場所からパノラマビューを楽しめる絶景テラスが近年増えてきている。また、本州の中央に位置しているため、交通の要衝として江戸時代には多くの宿場町が栄えた。今でも往時の面影をとどめた町並みが残る。

避暑地として賑わう高原リゾートも多い。写真は上高地の大正池

奇岩が連なる寝覚の床

情緒あふれる妻籠宿の町並み

甲信越の世界遺産

● 富士山ー信仰の対象と芸術の源泉
【山梨県・静岡県】→P198

さまざまな場所で富士山の眺望が楽しめる。写真は山中湖の逆さ富士

甲信越 ◆ 絶景インデックス 50 スポット

日本海沿いの景勝地・笹川流れ

甲信越

佐渡島

新潟県

長野県

山梨県

爽快なドライブが楽しめるビーナスライン

冬の新倉山浅間公園

清涼な空気が心地よい 高原

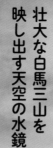

長野県◆白馬村

八方池

はっぽういけ

標高2060mにたたずむ自然池。北アルプスの雄大な姿と緑や残雪、紅葉など四季の景色を水面に映す。高山植物が楽しめるハイキングコースも人気。

壮大な白馬三山を映し出す天空の水鏡

上高地の夜明けに出合う
静寂な池と穂高連峰

大正池

長野県◆松本市

たいしょういけ

焼　岳の噴火によって流出した溶岩が梓川を
せき止めたことで一夜にして姿を現した。
噴火から100年以上経ち、面積は半分以下に。

長野県◆茅野市ほか

ビーナスライン
びーなすらいん

雲上へと駆け上がる
絶景ドライブルート

茅 野市内から美ヶ原高原を結ぶ全長約76kmの観光道路。湖や湿原など標高に応じて景色も変わり、周辺には観光スポットも豊富に揃う。

長野県◆駒ヶ根市

千畳敷カール
せんじょうじきかーる

標高2612mに広がる
高山植物の宝庫

中 央アルプスの宝剣岳直下に広がるお椀型の地形（カール）。カール内に多彩な高原植物が咲く。駒ヶ岳ロープウェイでアクセスも容易。

長野県◆小海町

高見石
たかみいし

原生林の中に浮かぶ
白駒の池を望む

北 八ヶ岳随一の眺望を誇る岩塊展望台。眼下に望む白駒の池の周辺に広がる苔と原生林の森は神秘的な絶景スポットとして注目されている。

儚い美しさに心惹かれる桜

新潟県◆上越市
高田城址公園
たかだじょうしこうえん

お堀の水面に映る
ボンボリと夜桜

約4000本の桜が約3000個のボンボリに照らされる景色は、日本三大夜桜に数えられている。桜の開花に合わせて毎年4月上旬〜中旬に高田城址公園観桜会を開催。

長野県◆伊那市
高遠城址公園
たかとおじょうしこうえん

園内を埋め尽くす
天下第一の桜

薄紅色で小ぶりなタカトオコヒガンザクラ。見頃は4月上旬〜中旬で、園内に咲く約1500本の桜は圧巻。樹林は県指定の天然記念物だ。

新潟県◆上越市

松ヶ峯

まつがみね

残雪と桜が描く
美しいコントラスト

約 1500本の桜が咲き、妙高山の中腹に現れる「跳ね馬」と桜の共演も見事だ。開花期間の4月中旬～下旬にはライトアップも実施される。

山高神代桜 （山梨県◆北杜市）

やまたかじんだいざくら

実 相寺境内に咲くエドヒガンザクラ。開花は4月上旬～中旬。推定樹齢2000年といわれ、日本三大桜のひとつで国の天然記念物。

中綱湖 （長野県◆大町市）

なかつなこ

大 町市にある仁科三湖のなかで最小の湖。濃いピンクのオオヤマザクラが水面に映る絶景が話題に。見頃は4月下旬～5月上旬。

極上の絶景テラスでくつろぐ

夕日が照らし出す
幻想的な雲海ビュー

長野県◆山ノ内町
SORA terrace
そらてらす

世界最大級のロープウェイに乗って標高1770mのテラスへ。条件が合えば雲海が見られ、特にサンセットが美しい。併設カフェも人気。

長野県◆白馬村
HAKUBA MOUNTAIN HARBOR
はくば まうんてん はーばー

山頂テラスから
北アルプスを一望

白馬岳山頂に位置。白馬三山を正面に北アルプスが見渡せ、10月ごろには山頂の冠雪、中腹の紅葉、麓の緑の「三段紅葉」も見られる。

野尻湖テラス 長野県◆信濃町

のじりこてらす

フード付きリフトに乗って約10分。標高1100mの展望テラスから、野尻湖や雄大な北信五岳の山容の眺望が楽しめる。

山梨県◆北杜市

清里テラス

きよさとてらす

八ヶ岳ブルーを望む
標高1900mの特等席

清里エリアで最も高い標高にある「サンメドウズ清里」。山頂の優雅なソファ席から眺める野辺山高原や富士山の景色に癒やされる。

心洗われるパワースポット

長野県◆長野市

戸隠神社
とがくしじんじゃ

戸 隠山の麓に創建された五
社からなる。奥社への参
道の中ほどに立つ茅葺きの随
神門から、約500mにわたっ
て続く杉並木が象徴的だ。

奥社へと向かう参道に立つ
樹齢400年を超える杉並木

長野県◆小諸市

布引観音
（釈尊寺）

ぬのびきかんのん（しゃくそんじ）

伝説の舞台となった
天台宗の名刹

行 基が開基したと伝えられ、「牛にひかれて善光寺参り」の逸話の舞台としても有名。柱8本に支えられた懸崖造りの観音堂も必見。

新潟県◆佐渡市

大野亀

おおのがめ

海に突き出した
巨大な一枚岩

標 高約167mの巨岩。亀は神を指し、神宿る岩として信仰されてきた。現在は50万株100万本のトビシマカンゾウの群生地としても有名。見頃は5月下旬〜6月上旬。

長野県◆松本市

明神池

みょうじんいけ

神域にたたずむ
透明感あふれる池

北 アルプスの総鎮守である穂高神社の奥宮の境内にある池。針葉樹に囲まれ、明神岳から湧く伏流水で全面凍結せず、神域らしい厳かな空気に包まれている。

世界に誇る美しき富士山

五重塔と桜が一堂に
日本の美がここに集結

山梨県◆富士吉田市

新倉山浅間公園

あらくらやませんげんこうえん

新倉山の中腹に位置。398段の階段を上り、展望デッキから眺める富士山と五重塔の忠霊塔、約650本の桜が共演する景色は外国人観光客にも人気。

山梨県◆富士河口湖町

富士芝桜まつり

ふじしばざくらまつり

山頂の残雪が映える
濃淡のピンクの絨毯

4月中旬～5月下旬、富士本栖湖リゾートの敷地に、約80万株の芝桜が咲き誇る。富士山をバックに撮れば写真映え間違いなし。

※画像は2020年のイメージ

山中湖花の都公園 （山梨県◆山中湖村）

やまなかこはなのみやこうえん

山 中湖のほとりに広がる約30万㎡の花の楽園。春のチューリップ、夏のヒマワリ、秋のコスモスなど、花々と富士山のコラボレーションが楽しめる。

山梨県◆富士河口湖町

大石公園

おおいしこうえん

ラベンダー越しに
初夏の富士山を望む

河 口湖の北岸に位置する公園。6月下旬〜7月中旬に咲くラベンダーが特に有名。季節の花が咲く花街道や、冬のイルミネーションもある。

高ボッチ高原

たかぼっちこうげん

刻々と変化していく
諏訪の夜明け

標 高1665m付近から諏訪湖を望め、条件が合えば、富士山や雲海も見られる。湖畔の夜景と朝日が一緒に楽しめる早朝は特にドラマチック。

山梨県◆山中湖村

山中湖

やまなかこ

自然がつくり出す
一瞬の煌めきに感動

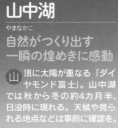

山 頂に太陽が重なる「ダイヤモンド富士」。山中湖では秋から冬の約4カ月半、日没時に現れる。天候や見られる地点などは事前に確認を。

天空の鳥居

てんくうのとりい

鮮やかな鳥居から
霊峰を敬拝

河 口浅間神社の遥拝所。ご神体である富士山を敬拝できるよう2019年に鳥居が建立された。麓の神社から鳥居までは徒歩約30分。

白鳥山森林公園

しらとりやましんりんこうえん

ハートの中に
富士山をおさめよう

山 梨百名山のなかで最も低い白鳥山。階段を上った先の山頂は標高567mながら、眺望が良好で、「恋人の聖地」にも認定されている。

暗闇に浮かぶ **まばゆい光**

写真提供：ご縁の宿伊藤屋 伊藤善行

佐渡島の
ウミホタル

さどがしまのうみほたる

夜の海面に浮かぶ
無数の青い光り

刺激を受けると青く光るウミホタル。通常は海中にいるが、7・8月に開催される鑑賞ツアーでは、ウミホタルが足元で光る様子を見られる。

長岡まつり
大花火大会

ながおかまつりおおはなびたいかい

壮大なスケールで
展開する祈りの花火

8 月2・3日に開催される花火大会。直径90㎝、開花幅約650mの名物「正三尺玉」など、次々と打ち上げられる迫力ある花火がみどころ。

山梨県◆鳴沢村

鳴沢氷穴

なるさわひょうけつ

ひんやりした洞窟で
出合う美しい氷柱

青 木ヶ原樹海の東にある溶岩洞窟。竪穴型で国指定の天然記念物。環状形なのでぐるっと歩いて回ることができ、氷柱は2〜5月が見頃。

甲信越

新潟県◆津南町

つなん雪まつり

つなんゆきまつり

雪原の夜空に舞う
スカイランタン

日 本有数の豪雪地帯に春を告げる祭り。それぞれの願いを込めたスカイランタンが、夜空に向かって一斉に放たれる光景は息をのむ美しさ。

長野県◆阿智村

天空の楽園
日本一の星空
ナイトツアー

てんくうのらくえん にほんいちのほしぞら
ないとつあー

小さな村の丘上で
満天の星を仰ぐ

ゴ ンドラで上った標高約1400mの山頂で星空観賞ができるツアーを開催。消灯すると頭上には満天の星が。前後には各種イベントも。

あでやかな紅葉にうっとり

すらりとしたブナの
華やかな秋の装い

新潟県◆十日町市
美人林
びじんばやし

ブナ林は大正末期に一度伐
採されたが、翌年から若
芽が生えだした。近年その立
ち姿が美しいと話題に。紅葉
の見頃は11月中旬〜下旬。

覚円峰 （山梨県◆甲府市）

かくえんぽう

直 立約180mある昇仙峡の主峰が紅葉のなかに浮かぶ。10月下旬〜中旬に見頃を迎える。名は覚円禅師が修行したことに由来。

河口湖もみじ回廊 （山梨県◆富士河口湖町）

かわぐちこもみじかいろう

梨 川を挟んで並ぶ60本の巨木モミジが11月上旬〜中旬ごろに色づき、紅葉のトンネルに。富士河口湖紅葉まつり期間中はライトアップを実施。紅葉越しの富士山も楽しめる。

長野県◆大桑村

阿寺渓谷

あてらけいこく

清流と紅葉の繊細な色彩に魅了される

全 長約15kmの渓谷。10月下旬〜11月上旬に両岸の木々が赤や黄に色づき、エメラルドグリーンの清流とのコントラストが堪能できる。

新潟県◆佐渡市

万畳敷
まんじょうじき

沢崎の海岸沿いにある一枚岩。海は浅瀬で、潮の干満によって多彩な表情を見せる。空を美しく映し出し、佐渡のウユニ塩湖とも称される。

海辺に反射する
佐渡の夕焼け

写真提供：ご縁の宿伊藤屋 伊藤善行

新潟県◆十日町市

清津峡
渓谷トンネル

きよつきょうけいこくとんねる

水鏡に映る
峡谷の景色を堪能

全 長750mのトンネル。終点にあるパノラマステーションには水が張られ、峡谷美が反転して映る。途中に3カ所の見晴所や展示もある。

マ・ヤンソン／MADアーキテクツ
「Tunnel of Light」（大地の芸術祭作品）

山梨県◆山梨市

西沢渓谷

にしざわけいこく

花崗岩が浸食されて
できた芸術的な滝

秩 父多摩甲斐国立公園内にある花崗岩が浸食されてきた渓谷。大小の滝があり、釜から釜へと流れ落ちる七ツ釜五段の滝は随一の美しさ。

長野県◆軽井沢町

白糸の滝
しらいとのたき

清涼感あふれる
優雅な水のカーテン

幅 70mの岩肌のいたるところから絹糸のような滝が落差3mで流れ落ちる。駐車場から約3分ほどでアクセスできるのもうれしい。

御射鹿池　長野県◆茅野市
みしゃかいけ

標 高1500mにあり、山々を水面に映す風光明媚な池。画家・東山魁夷の『緑響く』のモチーフとなった景色としても有名だ。

笹川流れ　新潟県◆村上市
ささがわながれ

日 本有数の透明度を誇る海岸線。奇岩や洞穴など日本海の荒波がつくり上げた造形美を楽しめる。笹川流れを巡る遊覧船も人気。

Satoyama landscape & Post town
郷愁漂う里山と宿場町

南アルプスの山奥に
広がる天空の里

長野県◆飯田市
下栗の里
しもぐりのさと

標 高800〜1000mの斜面
に拓かれた村里で、日本
のチロルとも称される。「に
ほんの里100選」にも選ばれ
た日本の原風景だ。

長野県◆塩尻市
奈良井宿
ならいじゅく

中山道の真ん中にある
日本最長の宿場町

かつて「奈良井千軒」とよ
ばれるほど栄えた宿場町。
約1kmにわたる家並みは江戸
時代にタイムスリップしたか
のような、往時の面影を残す。

長野県◆白馬村
青鬼集落
あおにしゅうらく

北アルプスを望む
素朴な山村風景

岩戸山の麓に位置。茅葺き
屋根（鉄板被覆）の大型家
屋が14棟あり、重要伝統的
建造物群保存地区にも選定。
棚田越しに望む集落と北アル
プスの景観が美しい。

長野県◆南木曽町
妻籠宿
つまごじゅく

全国で初めて
古い町並みを保存

伊那街道と中山道が交差す
る交通の要衝。中山道
69次のうち江戸から数えて
42番目の宿場町。日本初の重
要伝統的建造物群保存地区。

211

神秘的で静謐な雪と氷の世界

忍野八海 （山梨県◆忍野村）
おしのはっかい

富士山の伏流水に水源を発する湧水地で、世界遺産の構成資産の一部。澄んだ水と富士山が雪に覆われた景色は心洗われる美しさ。

白川氷柱群 （長野県◆木曽町）
しらかわひょうちゅうぐん

御嶽の清水が凍ることで現れる氷のカーテン。幅約250m、高さ約50mに達する年もある。ライトアップでいっそう幻想的に。

新潟県◆小千谷市

池ケ原 はさ木

いけがはら はさぎ

朝日に色づく雪原に凛と立つはさ木

は さ木とは稲を干すのに利用した立ち木のこと。雪原のなか、朝日に照らされたはさ木は神秘的。満天の星とはさ木の景色もすばらしい。

寝覚の床　長野県◆上松町

ねざめのとこ

木 曽川沿いの巨大な奇岩群と清流が織りなす景勝地で木曽八景のひとつ。雪に覆われた川沿いを走るJR中央西線も風情がある。

諏訪湖の御神渡り　長野県◆諏訪市ほか

すわこのおみわたり

周 囲約16㎞ある信州で最大の湖。冬期には、湖が結氷し、収縮・膨張によって氷が山脈のようにせり上がる神秘的な現象「御神渡り」が見られることも。

焼岳には煙が立ちのぼり、
薄ねずみ色で北東に水平にたなびいている。
川は、まばゆい光のもとで銀や鋼も削るほどの早さで、
どんどん流れている。これら全てに、私は歓声をあげた。

ウォルター・ウェストン
「日本アルプス登攀日記」三井嘉雄訳

ウォルター・ウェストンが見た上高地

山登りの楽しみと上高地の魅力を国内外に広めた英国人宣教師

　上高地の広場にあるウェストン碑は、日本にレジャーとしての登山を紹介した「日本近代登山の父」、ウォルター・ウェストンを讃えるために刻まれた。英国人宣教師で登山家のウェストンが初来日したのは明治中期。日本人にとって山は信仰の対象で、山に入るのは修行あるいは狩猟など生活のためという時代。ウェストンは日本各地の名峰を次々に登頂してその楽しみ方を実践し、書物で日本の山々の魅力を紹介した。

　3000m級の荘厳な峰々の連なる北アルプスが特にお気に入りだったウェストン。穂高連峰や槍ヶ岳に登るため、上高地を頻繁に訪れた。清流・梓川と穂高連峰、焼岳を望む上高地を絶好の展望地と述べている。夏山開きの6月初旬、ウェストン碑の前では彼の功績を偲んでウェストン祭が催される。

ウォルター・ウェストン
Walter Weston　1861-1940

イギリス出身の宗教家で、スイス・アルプスの登頂経験をもつ登山家。日本には明治21年（1888）〜大正4年（1915）の間に三度、通算12年半滞在した。上高地の猟師で山岳案内人の上條嘉門次（嘉門次小屋創設者）との交流録も自著で紹介されている。

焼岳 （長野県◆松本市）
やけだけ

北アルプスで唯一の活火山で標高2455m。大正4年（1915）に噴火し、梓川が堰き止められて麓に大正池が生まれた。秋の紅葉や無風の日に池に映り込む風景が見事。

東海

東海 とうかい

本州中央部の太平洋側の地域。それぞれ豊かな自然や食、伝統文化をもち、歴史的に重要な場所も数多くある。富士山とのコラボなど、特徴的で壮大な景色も魅力。

日本一のものづくりの街

愛知県 あいち

県庁所在地	名古屋市	政令指定都市	名古屋市

面積 5173km²（全国27位）　人口 約748万人（全国4位）

日本列島のほぼ真ん中に位置し、交通の要衝として栄えた。有名自動車メーカーの本社があるなど製造業が盛んな地域で、製造品出荷額は長年全国1位。この地を舞台に多くの戦国武将が活躍した歴史があり、街道や宿場町など風情を感じる場所も残る。

主な絶景 渥美半島の菜の花や四谷の千枚田などの花や紅葉、自然の絶景もさることながら、スカイプロムナードなどの都会の絶景も楽しめる。高層ビルのなかで存在感を放つ愛知県のシンボル名古屋城は荘厳。

満開の桜に囲まれた名古屋城

渥美半島の菜の花は早春の風物詩

多彩な魅力をもつふじのくに

静岡県 しずおか

県庁所在地	静岡市	政令指定都市	静岡市、浜松市

面積 7777km²（全国13位）　人口 約370万人（全国10位）

本州中部の太平洋沿岸に位置し、日本最高峰の富士山を有する。東の伊豆半島は、下田をはじめとするビーチや温泉、西は浜松の浜名湖などが有名。また、お茶どころとしても知られており、茶畑越しの富士山など、静岡ならではの絶景を楽しめる。

主な絶景 世界遺産の富士山を眺めるビュースポットからの景色やのどかな自然の風景が多い。また、太平洋に面しているため、波に浸食されてできた洞窟や奇岩が織りなす絶景も見ごたえ抜群。

紅葉の時期の白糸ノ滝

独自の文化が息づく内陸県

岐阜県 ぎふ

県庁所在地	岐阜市	政令指定都市	なし

面積 1万621km²（全国7位）　人口 約203万人（全国17位）

美濃と飛騨の2つのエリアに分かれる。南の美濃エリアは木曽三川が流れる濃尾平野が広がり、北の飛騨エリアは標高3000m級の山が連なる山岳地帯。食や文化など、それぞれ異なる魅力がある。

主な絶景 日本有数の豪雪地帯、白川郷の合掌造り集落や飛騨高山の街並みなど、古き良き日本を感じる絶景が多い。絵画のような名もなき池も有名。

世界遺産の白川郷合掌造り集落

自然と文化、食に恵まれた美し国

三重県 みえ

県庁所在地	津市	政令指定都市	なし

面積 5774km²（全国25位）　人口 約181万人（全国22位）

紀伊半島の東側に位置し、江戸時代からお伊勢参りで知られる伊勢神宮があることで有名。志摩半島南部の英虞湾では真珠の養殖が盛んで、観光やグルメなど、四季を通して楽しめる自然豊かな県。

主な絶景 三重県最大の都市、四日市市の工場夜景やなばなの里のイルミネーションなど、光の絶景が魅力。また、英虞湾など自然の風景も美しい。

展望台から望む英虞湾は特に美しい

東海の世界遺産

- 白川郷・五箇山の合掌造り集落
  【岐阜県】→P234
- 紀伊山地の霊場と参詣道 【三重県】
- 明治日本の産業革命遺産
  製鉄・製鋼、造船、石炭産業 【静岡県】→P234
- 富士山-信仰の対象と芸術の源泉
  【静岡県】→P221・233

東海 ◆ 絶景インデックス **69** スポット

岐阜県

愛知県

静岡県

三重県

気高くそびえる富士山

まるで絵画のような
桜と富士山の名コラボ

静岡県◆富士市

龍巌淵
りゅうがんぶち

淵 井川にかかる桜と土手の菜の花越しに富士山が見られる絶景スポット。土手には遊歩道が整備され、川辺から観賞することもできる。

朝霧高原

あさぎりこうげん

大迫力の富士山と
牛の壮大な風景

標 高約700〜1000mに位置する高原エリア。牧場やキャンプ場などがあり、雄大な富士山を間近に感じながらレジャーを楽しむことができる。

日本平

にほんだいら

大パノラマが広がる
旬のビュースポット

標 高307mの丘陵地。山頂に2018年にオープンした日本平夢テラスや山頂近くの茶畑周辺などから、清水港越しに富士山が見える。

東海

静岡県◆富士宮市

田貫湖

たぬきこ

静かな湖面に映る
ダイヤモンド富士

富士山の西麓にある湖。4・8月の20日前後の約1週間には、山頂に日の出がかかる煌びやかなダイヤモンド富士が見られることも。

静岡県◆静岡市

三保の松原

みほのまつばら

古くから知られる
富士見の名所

約7kmの海岸線と松林、富士山が織りなす景観は『万葉集』に詠われるほど富士ビューで有名な場所。空気の澄んだ朝がおすすめ。

静岡県◆富士市

大淵笹場

おおぶちささば

茶畑が醸し出す
のどかな景色

丘陵に広がる緑豊かな茶畑。電線や人工物の入らない茶園越しの富士山が見られる県内有数のスポット。新茶が芽吹く5月がベストシーズン。

日本文化を象徴する城

今も気高くそびえる
名古屋のシンボル

愛知県◆名古屋市

名古屋城
なごやじょう

名 古屋を代表する観光地。金鯱城ともよばれる徳川家ゆかりの名城。復元された本丸御殿や西南隅櫓、金シャチ横町などみどころ満載。

愛知県◆犬山市

犬山城
いぬやまじょう

木曽川を見下ろす
国盗りの要所

室 町時代に築城された、国宝五城のひとつ。豊臣秀吉ら天下人が奪い合ったことでも知られている。望楼からはかつての城下町を見下ろす。

写真提供：岐阜市

岐阜城

ぎふじょう

織田信長が天下布武の足がかりとしたかつての居城。金華山山頂にあり、背景に月が昇る光景は日本百名月にも選ばれた。

郡上八幡城

ぐじょうはちまんじょう

朝霧の中たたずむ
白亜の天守閣

市街地を流れる吉田川のほとりにそびえる。司馬遼太郎は日本で最も美しい山城と評し、朝霧に包まれる様子は天空に浮かんでいるよう。

Flower

花が演出する鮮やかな景色

愛知県◆津島市
天王川公園
てんのうがわこうえん

藤の紫色で
温かく人々を包む

天王川八景として親しまれる花と緑と水の公園。園内には藤棚があり、4月下旬～5月上旬に開花し、訪れる人々を魅了している。

静岡県◆河津町
河津桜並木
かわづさくらなみき

寒桜の濃桜色が
河津川沿いを彩る

河津川沿いに約4km続く桜並木。2月上旬から開花し始める早咲きで、濃いピンク色の花が特徴。河津桜まつりは多くの人で賑わう。

岐阜県◆海津市

津屋川の彼岸花
つやがわのひがんばな

川面に映える
緑と赤のコントラスト

9月中旬から下旬にかけて、津屋川の堤防沿い約3kmに彼岸花が咲く。まるで深紅のじゅうたんのような彼岸花に魅了される。

愛知県◆田原市

渥美半島の
菜の花
あつみはんとうのなのはな

半島を黄色に染める
菜の花畑

春になると渥美半島の一帯で菜の花がそよぎ、海と空の青に菜の花の黄色が映える。特に伊良湖菜の花ガーデンの巨大な花畑は圧巻。

三重県◆伊賀市

メナード
青山リゾート
めなーどあおやまりぞーと

心身ともに癒やされる
高原のハーブガーデン

高原の丘陵に広がる雄大なハーブガーデン。カモミールやラベンダーなど、約300種のハーブが大地を彩り、優美な香りが楽しめる。

大垣ひまわり畑

おおがきひまわりばたけ

一面のひまわり畑は
まるでゴッホの世界

休 耕田を利用し、1990年から毎年場所を変えて実施されるヒマワリ畑。見頃は8月中旬から下旬で、約12万本のヒマワリが咲き誇る。

岐阜県◆海津市

木曽三川公園

きそさんせんこうえん

岐阜の春を彩る
チューリップ花壇

木 曽三川の流れをデザインした大花壇があり、約19万本のチューリップが咲き誇る。有料の展望タワーからは美しい模様を一望できる。

愛知県◆蒲郡市

形原温泉
あじさいの里

かたはらおんせんあじさいのさと

しとしとと雨を受け
鮮やかに咲き誇る

梅 雨時期に約5万株が咲き
乱れるアジサイの名所。
夜は幻想的なライトアップを
楽しめるほか、ゲンジボタル
が現れることも。

ひるがの
ピクニックガーデン

岐阜県◆郡上市

ひるがのぴくにっくがーでん

夏 から秋にかけて1万株のコキアが緑から
赤に色づく景色が楽しめる。約4万株の
桃色吐息(ペチュニア)も息をのむほど美しい。

いなべ市農業公園

三重県◆いなべ市

いなべしのうぎょうこうえん

約 1450本の梅林がある公園。鈴鹿山脈を
一望する高地に梅の花の甘い香りが漂い、
多品種の梅が咲く様子はまるで桃源郷。

227

由緒ある**社寺**の風景

三重県◆伊勢市

伊勢神宮
いせじんぐう

澄んだ空気が漂う
朝のお参りは格別

おおよそ2000年の歴史をもつ神社。内宮と外宮を中心とした125社の宮社があり、一生に一度は参拝したいと昔から尊ばれ続ける聖地。

三重県◆伊勢市

二見興玉神社
ふたみおきたまじんじゃ

ご来光が輝く
禊の地

古来、お伊勢参りを控えた人々が海水を浴びて心身を清めた二見浦。男岩と女岩が注連縄で固く結ばれた夫婦岩は、良縁にご利益がある。

豊川稲荷 （愛知県◆豊川市）

とよかわいなり

(商) 売繁盛の神様として有名な神社。霊狐塚には約1000体の大小さまざまな狐像が祈願成就の御礼として献納されている。

鳳来寺山 （愛知県◆新城市）

ほうらいじさん

(約) 1300年前に開山されたと伝わる山。1425段の石段が並ぶ参道の先には、断崖が迫る本堂や徳川家光が建立を命じた東照宮がある。

（静岡県◆浜松市）

秋葉山本宮
秋葉神社

あきはさんほんぐうあきはじんじゃ

黄金の鳥居が立つ
天空の神社

(標) 高約866mの秋葉山の山頂付近に上社、麓に下社を構える。上社には黄金に輝く「幸福の鳥居」があり、境内からは浜松市を一望できる。

神秘的な渓谷と森

渓谷を駆ける ローカル鉄道の湖上駅

静岡県◆川根本町

奥大井湖上駅

おくおおいこじょうえき

日 本一の急勾配を走る鉄道・南アルプスあぷとライン。赤い鉄橋を渡ると湖に突き出た山の上の駅に到着。鉄橋は線路脇を歩くこともできる。

三重県◆名張市

赤目四十八滝

あかめしじゅうはちたき

渓谷に点在する 水の芸術

奈 良県との県境を流れる滝川の上流に、大小さまざまな滝が連なる。山岳信仰の聖地としても知られ、かつては忍者の修業場でもあった。

付知峡 　(岐阜県◆中津川市)

つけちきょう

森 林浴の森日本100選などに選定されている峡谷。遊歩道が整備され、糸のように岩肌を流れる観音滝や不動滝を見られる。

(岐阜県◆白川村)

白水湖

はくすいこ

エメラルドグリーンに輝く湖

昭 和38年（1963）に大白川ダムによって造られた人造湖。水に硫黄成分が混じっているため、天候や時間によって独特な青色に見える。

巨大株杉が自生する
神秘的な森

株杉の森 （岐阜県◆関市）

かぶすぎのもり

⑩ 本以上枝分かれした株杉が群生する珍し
い光景。なかには樹齢500年以上の巨木
もあり、大地の生命力が感じられる。

夢の吊橋 静岡県◆川根本町

ゆめのつりばし

大 間ダム湖に架かるスリル満点の吊り橋。エメラルドグリーンに輝くダム湖の上を散歩しているような感覚に。

円原川 岐阜県◆山県市

えんばらがわ

長 良川の源流のひとつ。水温が低く、夏場は川霧が発生する。太陽光が木々の間から差し込み川霧に反射する光芒はより幻想的。

静岡県◆富士宮市

白糸ノ滝

しらいとのたき

繊細な流れが美しい世界遺産の名瀑

富 士山の雪解け水が絹糸の束のように流れ落ちる滝。高さ20m、幅150mにわたる圧巻の光景が広がる。滝壺のそばまで下りることもできる。

過去・現代のユニークな**建築**

白川郷
合掌造り集落

しらかわごうがっしょうづくりしゅうらく

大切にしたい
日本の生きた原風景

世界文化遺産に登録されている合掌造り集落。山あいにある茅葺きの合掌造りの家並みは、日本の原風景とよぶにふさわしい景色だ。

韮山反射炉

にらやまはんしゃろ

日本の産業革命を
象徴する建造物

幕末期に造られた溶解炉で、実際に稼働したものとしては国内で唯一現存。「明治日本の産業革命遺産」として世界遺産に登録されている。

愛知県◆犬山市

博物館明治村

はくぶつかんめいじむら

見ごたえたっぷりな
明治のハイカラ建築

広 大な敷地内に歴史的、芸術的価値の高い60以上の建造物を展示。かつての庁舎や郵便局、教会などが並ぶ様子は中世ヨーロッパのよう。

静岡県◆富士宮市

静岡県富士山
世界遺産センター

しずおかけんふじさんせかいいさんせんたー

木格子の逆さ富士
目を引くユニーク建築

富 士山を展示や映像で多角的に紹介するミュージアム。逆さ富士を模した木格子で覆われた展示館は、水盤に映ると富士山が浮かび上がる。

愛知県◆半田市

半田
赤レンガ建物

はんだあかれんがたてもの

歴史を感じる
重厚な明治建築

明 治時代よりビールの製造工場として使われていた、著名な建築家・妻木頼黄設計の建物。国の登録有形文化財に登録されている。

東海

田畑に浮かぶ里山の記憶

三重県◆熊野市

丸山千枚田
まるやませんまいだ

**日本最大規模
約1340枚の棚田**

静 かな山里に折り重なる
1000枚以上の水田は、
日本一の棚田景観とも評され
る。水面に夕日が反射する光
景は息をのむほど美しい。

筏場のわさび田　静岡県◆伊豆市
いかだばのわさびだ

日 本一のワサビの里とよばれる筏場地域。静
岡棚田10選にも選ばれた総面積15万㎡
の棚田。映画のロケ地に使われたことでも有名。

四谷の千枚田　愛知県◆新城市
よつやのせんまいだ

鞍 掛山の南西斜面、標高220〜420mにか
けて連なる棚田。田んぼに張る山の湧き
水は、大雨が降っても濁ることはないという。

岐阜県◆揖斐川町

天空の茶畑

てんくうのちゃばたけ

標 高330m、寒暖の差を生かしてお茶が栽培されている春日上ヶ流地区。急で険しい山肌に現れる茶畑は、まるでマチュピチュのよう。

天空に広がる
幾何学模様の茶畑

東海

Island
個性あふれる美しい島

静岡県◆浜松市

弁天島
べんてんじま

空と湖面を
やさしく染める夕景

浜　名湖のシンボルとして、海へつながる浅瀬にそびえ立つ朱色の大鳥居。湖面に浮かぶ赤鳥居を望むなだらかな浜辺から見る夕日は幻想的。

三重県◆志摩市

英虞湾
あごわん

日 本有数のリアス海岸美を誇る湾で、一日で7色に変化するともいわれる。約60の小島の間に真珠筏が浮かぶ様子はここだけの景色。

英虞湾に浮かぶ
大小さまざまな島々

愛知県◆西尾市

佐久島
さくしま

アートな島として
注目を浴びる

三 河湾のほぼ中央に位置する有人島。20年以上前からアートで島おこしが始まり、島内にはさまざまな現代アート作品が点在する。

239

現代に残る風情ある**街並み**

飛騨高山
古い町並

ひだたかやまふるいまちなみ

江戸の商人が育んだ
飛騨の小京都

江戸時代の面影を残す、かつての徳川幕府直轄地。建物の軒下には用水路が流れ、造り酒屋の酒ばやしや老舗ののれんが連なる。

御城番屋敷

ごじょうばんやしき

伝統を受け継ぐ
組長屋の武家屋敷

松坂城の警護を担った藩士の住居。石畳の通りに面して長屋が整然と並ぶ。築150年以上を経た現在も、住居として使用されている。

おはらい町・
おかげ横丁

おはらいまち・おかげよこちょう

伊勢神宮・内宮の
門前町

飲 食店やみやげ物店の妻入りの木造建築が立ち並び、伊勢神宮の参拝客で賑わう。町の中央にはかつての街並みを再現したおかげ横丁も。

やきもの散歩道　愛知県◆常滑市

やきもののさんぽみち

日 本六古窯に名を連ね、1000年の歴史を持つ陶都・常滑。焼物を積み重ねた土管坂や登窯、レンガの煙突など独特の景観が残る。

馬籠宿　岐阜県◆中津川市

まごめじゅく

山 々を望む街道に伝統的な建物が並ぶ。枡形とよばれる石畳は防衛のためのもの。ほかにも防火設備など、先人の知恵が垣間見える。

風景を秋色に染める紅葉

秋の渓谷を彩る
紅葉のアーチ

岩屋堂公園 （愛知県◆瀬戸市）

いわやどうこうえん

知高原国定公園内にあり、渓谷の中を流
れる鳥原川沿いにモミジが並ぶ。秋には
鮮やかな紅葉の下で散策が楽しめる。

愛知県◆稲沢市

祖父江の
イチョウ並木

そぶえのいちょうなみき

晩秋に訪れる
一面の黄金世界

ギ ンナンの生産量日本一を誇る祖父江町。多くのイチョウの大木があり、町全体が黄金に染まる晩秋にはそぶえイチョウまつりも開催される。

岐阜県◆土岐市

曽木公園

そぎこうえん

暗闇に浮かび上がる
幻想的な逆さモミジ

飛 騨・美濃紅葉33選にも選ばれた紅葉の名所。11月中旬ごろにはライトアップも行われ、紅葉が闇夜に輝く。池に映る逆さモミジは必見。

愛知県◆豊田市

香嵐渓

こうらんけい

約4000本のモミジで
鮮やかに染まる渓谷

香 嵐渓の入口から巴川に沿うように約1km紅葉が続く。特に巴橋から香積寺に至るモミジのトンネルは圧巻。全国屈指の紅葉スポットだ。

自然の造形美 洞窟と奇岩

愛知県◆新城市

乳岩

ちいわ

自然が織りなす
神秘的な光景

 天井部に乳房状の鍾乳石を
つくることからその名が
付いた。乳岩内部には観音様
が祀られ神秘的な雰囲気。遊
歩道では渓谷美も楽しめる。

三重県◆熊野市

楯ヶ崎

たてがさき

巨大な楯のような
神武天皇上陸の地

木島湾にそびえ立つ高さ
約80mの岩塊で、無数
の柱が連なったような柱状節
理が発達。遊歩道や遊覧船か
ら眺めることができる。

岐阜県◆高山市

飛騨大鍾乳洞

ひだだいしょうにゅうどう

太古の世界を感じる
カラフル鍾乳洞

全 長約800mにも及ぶ国内屈指の観光鍾乳洞。さまざまな形の鍾乳石がカラフルにライトアップされ、幻想的に演出されている。

堂ヶ島 天窓洞 静岡県◆西伊豆町

どうがしままてんそうどう

海 岸線から突き出た岩場が浸食されてできた海食洞窟。丸く抜け落ちた穴から差し込む外光に海が照らされ青く輝く神秘的な光景。

龍宮窟 静岡県◆下田市

りゅうぐうくつ

波 の浸食によりできた海食洞。天井の崩壊でできた天窓は、遊歩道から見下ろすとハート形に見える恋愛スポットとしても人気。

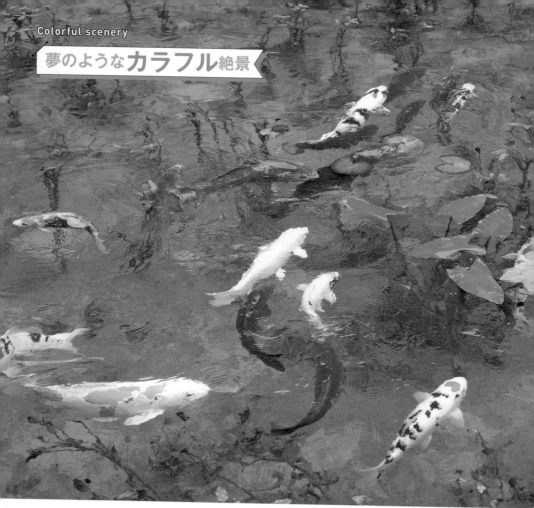

夢のような**カラフル**絶景

愛知県◆西尾市

三河工芸
ガラス美術館

みかわこうげいがらすびじゅつかん

万華鏡の中に広がる
ファンタジーの世界

世界最大級の万華鏡で知ら
れる体感型ガラスミュー
ジアム。誰もが遊んだことの
ある万華鏡の中に入るという
夢の体験ができる。

岐阜県◆関市

名もなき池

なもなきいけ

透 明度が高く、光の加減などで写真に写る色合いが変化する小さな池。鯉が泳ぎ、水草が揺れる幻想的な景色は、モネの代表作『睡蓮』のよう。

動く絵画のような景色に心奪われる

東海

星が丘テラス 愛知県◆名古屋市

ほしがおかてらす

緑 に囲まれたオープンテラス風の商業施設。ファッションやグルメなど約50店舗が並び、季節ごとに替わる装飾がSNS映えと話題。

愛知県◆常滑市

FLIGHT OF DREAMS

ふらいとおぶどりーむす

飛行機とデジタルの融合で空間を彩る

中 部国際空港セントレア併設の飛行機のテーマパーク。ボーイング787初号機と館内空間を利用した映像と音のショーは圧巻。

三重県◆四日市市

四日市
コンビナート

よっかいちこんびなーと

石 油コンビナートが立ち並ぶ工業都市・四日市。夜はきらめく照明や吹き上がる水蒸気、複雑にうねる配管が近未来の映画を彷彿させる。

SFの世界が広がる
工場夜景の聖地

スカイ
プロムナード

すかいぷろむなーど

東海一高いビルで
パノラマビューを堪能

東海エリアで最も高いビル・ミッドランドスクエアにある展望フロア。高さ220mからは栄の街並みや名古屋城を一望できる。

オアシス21

おあしすにじゅういち

季節ごとに表情を
変える水の宇宙船

水が流れるガラスの大屋根がシンボルの立体型公園。夜はさまざまな色にライトアップされ、名古屋を代表するフォトスポットになっている。

東海

岐阜県◆岐阜市

ぎふ長良川鵜飼
ぎふながらがわうかい

水面を篝火で照らす
伝統の古典漁法

鵜を操り、魚を捕える漁法で、約1300年の歴史をもつ。篝火に照らされ浮かび上がる鵜匠の手縄さばきや鵜が鮎をとる姿は迫力満点。

三重県◆桑名市

なばなの里
イルミネーション
なばなのさといるみねーしょん

花の楽園を彩る
壮大なイルミネーション

日本最大規模のイルミネーションイベント。毎年テーマが変わるメイン会場や光のトンネルなど、みどころが豊富。

岐阜県◆高山市

タルマかねこおり
ライトアップ
たるまかねこおりらいとあっぷ

厳しい冬ならではの
ライトアップした名滝

新平湯温泉で湧き出るタルマの滝は奥飛騨随一の名水。12月下旬には凍りつき、結氷がカラフルな光で幻想的に演出される。

外国人たちのディスカバージャパン

この辺の景色は、もう日本的でない。
少なくとも、私が日本でかつて見たことのない風景だ。
これはむしろスイスか、さもなければスイスの幻想だ。

ブルーノ・タウト『日本美の再発見』
篠田英雄訳

ブルーノ・タウトが見た白川郷

合掌造り民家の並ぶ山里風景を世界の名建築家がいち早く称賛

　岐阜の山深い集落の白川郷が国際的に知られたきっかけは、ドイツ人建築家ブルーノ・タウトの著書『日本美の再発見』だといわれている。タウトはナチスの迫害を逃れるため昭和8年（1933）に来日。滞在中、目にした日本の伝統建築を世界的評価に値すると絶賛した。なかでも、伊勢神宮と桂離宮の簡潔で清純な建築様式に究極の日本美を見出す。一方、日光東照宮については「過度の装飾」と辛口の評価を残している。

　タウトが庶民生活に見出した日本美が白川郷の合掌造り集落だった。深い谷間に鋭角な三角屋根の住居が連なる光景に、スイスを連想している。豪雪に耐える急勾配の屋根、頑健で養蚕に適した構造など、先人の知恵が詰まった住宅を「日本全国を通じてまったく独特の存在」とその希少性を評価した。

ブルーノ・タウト
Bruno Julius Florian Taut　1880-1938
ドイツ東プロイセン出身の表現主義の建築家。代表作の「ガラスの家」、「鉄の記念塔」や、世界遺産のベルリンの集合住宅などで知られ、国際的に高い評価を受ける。日本滞在中に携わった建築は2棟で、静岡県熱海市の旧日向別邸のみ現存する。

白川郷合掌造り集落
しらかわごうがっしょうづくりしゅうらく

（岐阜県◆白川村）

江戸時代に生まれた合掌造りは、手のひらを合わせたような茅葺きの切妻屋根が特徴。岐阜県白川村には大小100棟余の合掌造りが残り、今も生活が営まれている。

北陸

日本海と険しい山々が織りなすダイナミックな景観

北陸 <small>ほくりく</small>

荒々しい日本海に面した中部地方の北方。雄大な山々に囲まれ、冬は雪景色が広がる。土地柄ゆえ独自の歴史を築き、加賀藩や北前船ゆかりの街並みも多く残る。

立山連峰を望むチューリップの街

富山県 <small>とやま</small>

県庁所在地 富山市　**政令指定都市** なし
面積 4247km²（全国33位）　**人口** 約106万人（全国37位）

3000m級の山々が連なる立山連峰から、水深1000m以上の富山湾まで、高低差の大きい地形を有する。農林水産業はもちろん、重工業も盛んで北陸経済の重要な拠点でもある。アートやデザインの街としても知られ、美術館が点在する。

主な絶景 日本海越しに山々が広がる海岸や山岳地帯の絶景に出合える黒部峡谷など、雄大な山々の景色が自慢。チューリップは日本一の球根出荷量を誇り、厳しい冬ののち、各所で満開を迎える。

雄大な山々に囲まれた市街地

加賀百万石の優美な薫りが残る

石川県 <small>いしかわ</small>

県庁所在地 金沢市　**政令指定都市** なし
面積 4186km²（全国35位）　**人口** 約115万人（全国34位）

能登半島が日本海に突き出た南北に長い県。降水量が多く、地元でブリ起こしとよばれる冬の雷の発生数は日本で一番多い。かつての加賀藩の城下町・金沢を有し、加賀友禅や輪島塗、九谷焼など芸術性の高い伝統技術が多く残る。

主な絶景 金沢近郊は歴史を感じさせる加賀藩ゆかりの名所が点在。市街地を外れると里山ののどかな風景が広がり、海辺には景勝地も。四方を山々に囲まれた温泉地では川床が設置され、渓谷美が楽しめる。

雪の重みによる枝折れを防ぐために設置される雪吊りは冬の風物詩

<small>柱状の奇岩群が続く東尋坊</small>

景勝地が豊富な恐竜のふるさと

福井県 <small>ふくい</small>

県庁所在地 福井市　**政令指定都市** なし
面積 4190km²（全国34位）　**人口** 約78万人（全国43位）

木ノ芽峠を境に嶺北と嶺南に区分され、北は石川、南は滋賀や京都に影響を受けた歴史をもつ。化石の発掘量全国1位を誇り、日本最大級の恐竜博物館がある。さまざまな幸福度ランキングで上位に選ばれ、幸福度の高さでも知られる。

主な絶景 東尋坊をはじめ、荒波に削られた断崖や奇岩が多い。鎌倉時代から禅修行の聖地とされている永平寺や雲海に浮かぶ越前大野城などの歴史スポットも。越前海岸沿いに咲く水仙は県花でもある。

曹洞宗の大本山永平寺

北陸の世界遺産

● **白川郷・五箇山の合掌造り集落**
【富山県】→P279

<small>日本の原風景が広がる五箇山</small>

254

北陸 ◆ 絶景インデックス **44** スポット

石川県

富山県

福井県

北陸

海に沈む夕日が美しい白米千枚田

荒波が打ち寄せる**日本海**

万葉集にも詠まれた
風光明媚な海岸

富山県◆高岡市
雨晴海岸
あまはらしかいがん

奇 岩が立ち並ぶ富山湾越し
に標高3000m級の立山
連峰が広がる。冬の早朝は気
嵐が発生することも。JR氷見
線の車窓からも楽しめる。

海王丸パーク
かいおうまるぱーく

帆船と絶景を望む
憩いのベイエリア

富 山湾、立山連峰、新湊大橋を望む公園。海の貴婦人と称される帆船海王丸を保存公開し、帆を広げる総帆展帆が年に10回行われる。

珠洲岬
すずみさき

パワーが集まる
聖域の岬

能 登半島の北東端の岬。日本海に突き出した珍しい地形で、世界的にも珍しい海流と大地の気流が集まるパワースポットとして人気がある。

富山県◆富山市ほか

ホタルイカの
身投げ

ほたるいかのみなげ

春の夜に青く光る
富山湾の波打ち際

富 山湾の海底に暮らすホタ
ルイカが産卵の時期にな
ると、岸に打ち上げられる現
象。刺激を受けて青白く発光
し、幻想的な光景を生み出す。

石川県◆千里浜町ほか

千里浜なぎさ
ドライブウェイ

ちりはまなぎさどらいぶうえい

日本でただひとつ
砂浜を爽快ドライブ

日 本で唯一車で走行できる
奇跡の砂浜。粒子の小さ
な砂が水を含んで固くなるこ
とで車の走行が可能に。人の
少ない早朝がおすすめ。

福井県◆敦賀市

水島

みずしま

福井の夏を代表する
リゾートアイランド

敦 賀湾の沖合に浮かぶ全長
500mほどの無人島。夏
のシーズンのみ上陸可能で、
白砂のビーチと透明度の高い
海が南国リゾートのような島。

歴史情緒あふれる街並み

情緒ある町家が並ぶ
しっとりした街並み

石川県◆金沢市
ひがし茶屋街
ひがしちゃやがい

江戸から明治初期までの茶屋様式の町家が多く残り、当時の雅と粋を街並みの随所に感じられる。重要伝統的建造物群保存地区にも指定。

福井県◆若狭町
熊川宿
くまがわじゅく

京へと続く宿場町で往年の繁栄を偲ぶ

街道とよばれていた若狭街道の最初の宿場町。当時の面影を残す建物が軒を連ね、重要伝統的建造物群保存地区に選定されている。

（富山県◆富山市）

越中八尾

えっちゅうやお

おわら風の盆を
伝承する石畳の街並み

🏠 家が軒を連ね、江戸時代
の面影が残る風情ある街
並み。旧市街は坂の街として
も知られ、おわら風の盆の時
期には街にぼんぼりが灯る。

ダイナミックな滝と渓谷

トロッコ電車に乗って
渓谷美が待つ秘境へ

富山県◆黒部市

黒部峡谷

くろべきょうこく

険しい北アルプスに深く刻まれた峡谷。春から秋のみ運行するトロッコ電車でしか行けない秘境として知られ、大自然の造形に出合える。

黒部ダム

くろべだむ

スケールが桁違い
高さ日本一のダム

山黒部アルペンルートの王道観光スポット。高さ186mのえん堤と大迫力の観光放水がみどころ。運がよければ虹が出ることも。

（福井県◆池田町）

龍双ヶ滝

りゅうそうがたき

龍の伝説が残る
秘境の滝

さ約60mの崖の岩肌を伝って水が流れ落ちるさまが圧巻の滝。滝壺に住んでいた龍がこの滝を昇り天へ向かったという伝説が残る。

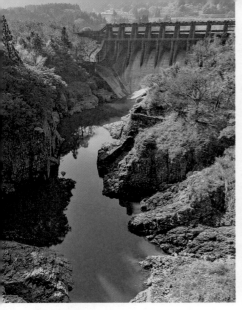

神通峡 　富山県◆富山市

じんづうきょう

神 通川の笹津橋から上流約15kmにわたる
峡谷。鋭く切れ込んだ谷間がうねる自然
の造形美がすばらしい。

綿ヶ滝 　石川県◆白山市

わたがたき

手 取峡谷にある落差32mの迫力満点の滝。
綿が舞っているように見えることに由来し、
河床では浸食地形なども見ることができる。

福井県◆大野市
九頭竜湖

くずりゅうこ

四季折々の美しさが
堪能できるダム湖

□ ックフィル式という特殊
な工法のダムによってで
きた人造湖。自然が織りなす
四季の風景が鮮やか。桜や紅
葉のシーズンは特におすすめ。

日本の心が宿る庭園

石川県◆金沢市

兼六園
けんろくえん

加賀藩の栄華を誇る
美しい大名庭園

本三名園のひとつで、滝などを配し、巡りながら楽しむ林泉廻遊式庭園。豊かな自然と橋や灯籠などの造形物が調和した美しさが魅力。

石川県◆金沢市

武家屋敷跡
野村家
ぶけやしきあとのむらけ

贅を尽くした建築美と
世界も認めた日本庭園

代にわたり加賀藩の重役を歴任した名家・野村家の屋敷跡。大野庄用水を引き入れた曲水や古木、岩を配した庭園は必見。

福井県◆福井市

養浩館庭園
ようこうかんていえん

江戸中期を代表する
絵画のような庭園

か つて御泉水屋敷とよばれた福井藩主・松平家の別邸を復元。大きな池を中心に広がる回遊式林泉庭園と数寄屋造りの建物がみどころ。

玉泉院丸庭園 石川県◆金沢市
ぎょくせんいんまるていえん

か つて金沢城内にあった庭園を再現。斜面を生かした立体的な庭で、さまざまな石を組み合わせた石垣などの独創的な造りが特徴。

大安禅寺 福井県◆福井市
だいあんぜんじ

第 4代福井藩主・松平光通が松平家の菩提所として建立。花菖蒲の寺としても有名で、梅雨時期には約1万株の花菖蒲が咲く。

存在感抜群の崖と奇岩

スリル満点
断崖絶壁の名勝

福井県◆坂井市

東尋坊
とうじんぼう

高さ20mを超す絶壁が約1km続く北陸を代表する景勝地。国の天然記念物に指定され、東尋坊タワーと遊覧船で上下から絶景が楽しめる。

石川県◆志賀町

機具岩

はたごいわ

やさしく寄り添い
夕日に映える夫婦岩

2つの岩が寄り添うように並び、しめ縄で結ばれた能登金剛の代表的な奇岩。伊勢の二見岩に似ていることから「能登二見」ともよばれる。

巌門

石川県◆志賀町

がんもん

能 登半島西岸に続く景勝地。高さ15mの穴が開いた岸壁は能登金剛随一のみどころ。能登金剛遊覧船で海からも絶景が楽しめる。

見附島

石川県◆珠洲市

みつけじま

先 端が尖り、裾がどっしりとした形から軍艦島ともよばれる無人島。断崖の上部に緑が茂る独特の様相で、奥能登のシンボル。

Flower & Autumn leaves

四季を彩る花と紅葉

越前海岸の水仙

えちぜんかいがんのすいせん

奇 岩や断崖が続く海岸線に、越前水仙が咲く冬の風物詩。水仙の群生地としては日本最大級。斜面に花の絨毯が広がり、潮風が甘い香りを運ぶ。

斜面一面に広がる
可憐な越前水仙

北陸

271

富山県◆朝日町

あさひ舟川
春の四重奏

あさひふなかわはるのしじゅうそう

4つの自然が奏でる
優美なハーモニー

雪の残る北アルプスを背景に、舟川沿いの桜並木、極早生のチューリップ、菜の花を同時に楽しむことのできる朝日町の春の風物詩。

那谷寺 石川県◆小松市

なたでら

養老元年(717)開創の真言宗別格本山。紅葉の名所としても知られ、岩肌と紅葉の織りなすさまざまな表情が楽しめる。

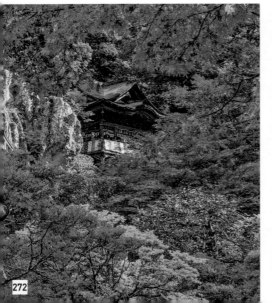

花はす公園 福井県◆南越前町

はなはすこうえん

世界の花蓮120種類以上が夏の朝に色鮮やかな花を咲かせ、訪れる人々を魅了する。開花時期に合わせて「はすまつり」も開催。

刈込池
かりこみいけ

紅葉が水面に映る
荘厳な景色

白 山国立公園南部にある刈込池。紅葉の時期には、モミジやカエデなどの鮮やかな木々が鏡のような水面に映り込み、神聖な光景が広がる。

西山公園
にしやまこうえん

園内を埋め尽くす
ピンクのじゅうたん

春 に約5万株のツツジが咲き誇る北陸随一のツツジの名所。無料動物園や日本庭園などもあり、展望台からは鯖江市街地や白山連峰を望む。

鶴仙渓の川床
かくせんけいのかわどこ

河畔の爽やかな景色を
のんびりと堪能

加 賀温泉郷の山中温泉にある渓谷に、4〜11月に設けられる川床。涼しげな川風を感じながら、絶品スイーツを味わうことができる。

Tateyama mountain range

圧倒的な自然の美 **立山連峰**

富山県◆立山町

みくりが池
みくりがいけ

藍色の湖面が美しい
雲上の火口湖

山黒部アルペンルートを代表する美観スポット。池の向こうに立山三山がそびえ、条件が整えば湖面に山々が映って見えることがある。

富山県◆立山町

雷鳥沢
らいちょうざわ

色彩豊かな
大パノラマに感動

堂随一の紅葉スポット。錦のじゅうたんを敷いたような紅葉に包まれる。テントを張って一晩過ごすのもおすすめ。

弥陀ヶ原 （富山県◆立山町）
みだがはら

標 高約2000mに広がるなだらかな湿原。木道が整備され、散策を楽しめる。夏にはチングルマなどが咲き誇る高山植物の宝庫。

大観峰 （富山県◆立山町）
だいかんぼう

立 山連峰の東壁にへばりつくように駅があり、後立山連峰や黒部湖、タンボ平を一望できる。ロープウェイからの景色も必見。

富山県◆立山町

雄山神社峰本社
おやまじんじゃみねほんしゃ

**標高3003mに立つ
立山信仰の聖地**

北 アルプス立山の主峰、雄山（立山）の山頂に鎮座する雄山神社立山頂上峰本社。広さ6畳ほどの山頂からは360度の大パノラマが広がる。

Moss

日本の美意識を象徴する **苔**

苔むす静寂の世界で
当時に思いを馳せる

平泉寺白山神社 （福井県◆勝山市）

へいせんじはくさんじんじゃ

か つて白山一帯は日本最大規模の石造り宗教
都市だった。日本の道100選に選ばれている
参道は緑のじゅうたんを敷きつめたような美しさ。

石川県◆小松市
苔の里
こけのさと
里山で育まれる
美しい苔庭

杉林に囲まれた苔のむす庭園。多様な苔を見ることのできる日本有数の場所として国内外から高い評価を得ている。

福井県◆永平寺町
大本山永平寺
だいほんざんえいへいじ
苔の参道が導く
日本最高峰の禅道場

寛元2年(1244)に道元禅師によって開創された曹洞宗の大本山。修行僧が今も修行に励んでいる。老杉に囲まれた階段は厳かな雰囲気だ。

北陸

雪深い北陸の**冬景色**

富山県◆砺波市

庄川峡
しょうがわきょう

季節ごとに移りゆく
雄大な峡谷美

清流の庄川がつくり出す美しい渓谷。瑞々しい新緑や鮮やかな紅葉、水墨画のような雪景色など、四季折々の景観を遊覧船で楽しめる。

石川県◆輪島市

白米千枚田
しろよねせんまいだ

棚田が描き出す
フォトジェニックな景観

日本海に面した急斜面に小さな田んぼが連なる世界農業遺産に認定された能登を代表する観光地。冬期はイルミネーションイベントも開催。

雪の大谷 （富山県◆立山町）

ゆきのおおたに

バス道路の除雪でできた高さ20mに迫る雪の壁。立山黒部アルペンルートの風物詩で毎年多くの観光客が訪れる。

五箇山合掌造り集落 （富山県◆南砺市）

ごかやまがっしょうづくりしゅうらく

深い山あいにある茅葺き屋根の合掌造り集落。冬には2mを超える雪が降り積もり、周囲と分断された環境が独自の文化を育んだ。

福井県◆大野市

越前大野城

えちぜんおおのじょう

雲海に浮かぶ
幻想的な天空の城

一度焼失したが、昭和43年(1968)に再建された。気象条件が整うと雲海に浮かぶように見えることから天空の城とよばれている。

その半島を眺めれば眺めるほど、
憧れの心がつのり、足のあたりがむずむずしてき、
とうとう能登まで足をのばす破目になってしまった。
他人の恋人のことなど誰も分かってくれなくても結構なのだ。

パーシヴァル・ローエル『NOTO —— 能登・人に知られぬ日本の辺境』
宮崎正明訳

パーシヴァル・ローエルが見た能登

魅惑的な形の半島で出合った不思議な櫓の浮かぶ内海風景

アメリカ人のパーシヴァル・ローエルは、20世紀初頭に冥王星の存在を数学的に予測した偉大な天文学者だ。彼のもうひとつの顔が日本研究家。明治16年（1883）に来日して以来、計5回、通算3年を日本で過ごして日本文化に親しんだ。

ある日、東京の借家で日本地図を眺めていたローエルは、日本海に突き出た半島の独特な形と「NOTO」という地名の響きに魅了され、能登半島の旅に出る。能登で印象深かったのが、穴水湾で目にした「ボラ待ち櫓」。ボラが網にかかるのを丸太櫓の上でひたすら待つ伝統漁具だ。ローエルは自著の『NOTO』で櫓のことを「怪鳥ロックが見つけて、巣に選んだ場所」と独特の比喩で表現した。櫓に上らせてもらったローエルは穴水の海浜風景を目に焼きつけ、能登を後にした。

パーシヴァル・ローエル
Percival Lowell　1855-1916

アメリカ・ボストンに生まれ、父と同じ実業家となる。日本には明治16〜26年（1883〜93）に5回来日。同じ日本研究家のラフカディオ・ハーンやアーネスト・フェノロサと交流があった。後年はアリゾナ州に天文台を創設して、天文学研究に没頭した。

穴水湾　石川県◆穴水町
あなみずわん

七尾北湾の一部をなし、陸と島に囲まれたリアス海岸。穏やかな海に無数の岬と入り江が連なる景勝地。伝統的な漁具のボラ待ち櫓が海辺に復元されている。

近畿

近畿 きんき

大都市・大阪を核とした西日本の中心エリア。古都である京都・奈良をはじめ、多くの歴史的建造物は必見だ。日本海、太平洋それぞれに面し、山海の自然絶景も豊富。

琵琶湖に鳥居が立つ白鬚神社の神秘的な夜明け

琵琶湖にまつわる景勝地が豊富

滋賀県 しが

県庁所在地 大津市　**政令指定都市** なし
面積 4017km²（全国38位）　**人口** 約141万人（全国26位）

内陸県だが、日本最大の湖・琵琶湖を擁し、その面積は県土の6分の1を占める。蓬莱山や比叡山など、県を取り囲むように山が連なっている。水源豊かな湖周辺の近畿盆地には古くから人が住み、戦国時代をはじめ多くの歴史の舞台となった地が残る。

主な絶景 雄大な琵琶湖を眺望する展望スポットが各地に点在する。湖畔を間近に望むほか、高い標高から湖全体を見下ろすなど、多彩な景観を楽しみたい。また、現存12天守である国宝・彦根城や賤ヶ岳など、戦国時代の歴史史跡も多く残る。

井伊家の居城であった彦根城。華麗な天守が今なお残る

風雅な寺社と自然に癒やされる

京都府 きょうと

府庁所在地 京都市　**政令指定都市** 京都市
面積 4612km²（全国31位）　**人口** 約261万人（全国13位）

平安京が置かれてから明治に至るまでおよそ1100年、日本文化の中心をなした。県域は北西から南西方向に細長く延びており、南部の京都盆地、中央部・北部の丹波高地、丹後山地に大別される。日本海に面した丹後半島沿岸にはリアス海岸が広がる。

主な絶景 歴史ある寺社仏閣や趣ある古都の街並みは、どこを切り取っても絵になる。季節ごとに見られる情景が異なるので何度訪れても楽しい。日本海側には天橋立や伊根の舟屋など、風光明媚な景色が広がる。

爽快な嵯峨野の竹林

都市景観が多彩な西日本最大都市

大阪府 おおさか

府庁所在地 大阪市　**政令指定都市** 大阪市、堺市
面積 1905km²（全国46位）　**人口** 約883万人（全国3位）

西側は大阪湾に面しており、ほかの三方を北摂、生駒、金剛・和泉葛城の山々が囲んでいる。山間部から大阪湾へは淀川、大和川、石川が流れ込む。都市機能が集中する中心部にはビル群が立ち並ぶ一方で、郊外には住宅地や農地などが広がる。

主な絶景 ビル群の高層階から都市部の景色を楽しめ、郊外から夜景としてビル群を満喫するのもおすすめ。整備された都市公園は花の観賞スポットとして人気の場所も多く、足を延ばせば紅葉や滝の名所もある。

ネモフィラが咲き誇る大阪まいしまシーサイドパーク

スケールが大きな絶景が広がる

兵庫県 ひょうご

| 県庁所在地 | 神戸市 | 政令指定都市 | 神戸市 |

| 面積 | 8400km²（全国12位） | 人口 | 約553万人（全国7位） |

県土を東西に縦走する中国山地によって、日本海側と太平洋側に大別される。淡路島や家島諸島などの瀬戸内の島々も県域に含まれ、その多様な気候と風土から「日本の縮図」とも評されている。摂津（神戸・阪神）、播磨、但馬、丹波、淡路の5つに区分される。

主な絶景 山海から離島まで、多様な風土が織りなす自然風景は実に多彩で、城崎温泉などの温泉街や、神戸の異国情緒あふれる街並みなども展開する。世界遺産の姫路城や天空の城として知られる竹田城跡も必見。

白鷺城とも称される白亜の姫路城

世界遺産と国宝の宝庫

奈良県 なら

| 県庁所在地 | 奈良市 | 政令指定都市 | なし |

| 面積 | 3690km²（全国40位） | 人口 | 約136万人（全国30位） |

近畿地方の中央部に位置する内陸県。地形・地質上では吉野川に沿って走る中央構造線によって、近畿の屋根とよばれる南部山地（吉野山地）と北部低地に分かれる。県北部の奈良盆地は飛鳥・奈良時代に政治・文化の中心として栄えた。

主な絶景 1つの都道府県で3つの世界遺産をもつのは日本最多。また、国宝、重要文化財の数もそれぞれ全国3位と文化遺産が豊富に揃う。吉野山をはじめとした山地には、渓谷がつくり出す絶景が広がる。

可憐なシロヤマザクラが吉野山を埋め尽くす

白い砂浜とエメラルドグリーンの海が広がる白良浜

山海の雄大な景観が楽しめる

和歌山県 わかやま

| 県庁所在地 | 和歌山市 | 政令指定都市 | なし |

| 面積 | 4724km²（全国30位） | 人口 | 約96万人（全国40位） |

紀伊半島の南西部を占め、面積の大部分が紀伊山脈を中核とする標高1000mの山岳地帯からなる。霊山山脈から発生した熊野川、紀の川、日高川などの河川が半島を取り巻く海へと注ぐ。海岸線にはリアス海岸が広がり、串本町にある潮岬は本州最南端。

主な絶景 山岳地帯には高野山や熊野古道などの心洗われるパワースポットが点在するほか、渓谷美も楽しめる。山地を取り囲むように広がる海岸線沿いでは、白良浜のビーチ、日本のエーゲ海と称される白崎海岸、迫力ある橋杭岩の奇岩群など、多彩な景観が見られる。

熊野本宮大社の旧社地・大斎原

近畿の世界遺産

- 紀伊山地の霊場と参詣道【奈良県・和歌山県】→P309・316
- 法隆寺地域の仏教建造物【奈良県】
- 姫路城【兵庫県】→P302
- 百舌鳥・古市古墳群【大阪府】
- 古都奈良の文化財【奈良県】
- 古都京都の文化財【京都府・滋賀県】→P289

近畿

近畿 ◆ 絶景インデックス スポット

紅葉の時期も美しいメタセコイア並木

のどかな里山風景が楽しめるあらぎ島の棚田

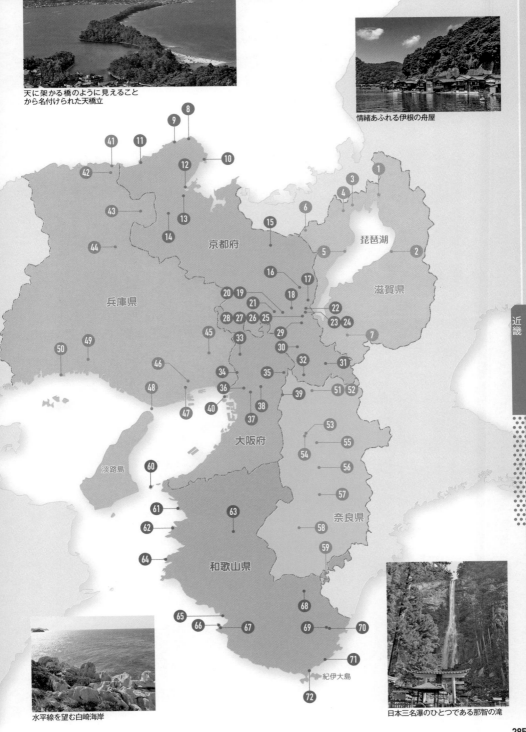

天に架かる橋のように見えること
から名付けられた天橋立

情緒あふれる伊根の舟屋

京都府

琵琶湖

滋賀県

兵庫県

近畿

大阪府

淡路島

奈良県

和歌山県

紀伊大島

水平線を望む白崎海岸

日本三名瀑のひとつである那智の滝

視界一面に広がる
色鮮やかな紅葉

京都府◆京都市

瑠璃光院

るりこういん

数 寄屋造りの建物と自然豊かな日本庭園の調和が美しい寺。春と秋の特別拝観の期間には、写経机の天板に庭園の木々が反射し、目を見張る絶景が広がる。

白鬚神社

しらひげじんじゃ

近江最古の神社といわれ、全国の白鬚神社の総本社にあたる。神社前の湖中に大鳥居が建てられており、神秘的な姿からパワースポットとしても人気が高い。日の出や日の入りの時間帯がおすすめ。

「近江の厳島」とも称される
湖上にたたずむ朱色の大鳥居

京都府◆京都市

龍安寺

りょうあんじ

日本を代表する
枯山水の庭園

白 砂の上に大小15個の石
が配された枯山水庭園が
有名。かつてイギリスのエリ
ザベス女王も絶賛したことか
ら、海外にも広く知られてい
る。誰が何を表現して作庭し
たのかは不明とされている。

京都府◆京都市

伏見稲荷大社

ふしみいなりたいしゃ

人々の願いが込もった
鮮やかな朱色の道

全 国に3万社あるといわれ
る稲荷神社の総本宮。朱
塗りの鳥居がずらりと並ぶ
「千本鳥居」は、江戸時代に祈
願と感謝のために鳥居を奉納
することが広まったといわれ
ている。

近畿

京都府◆京都市

清水寺

きよみずでら

日本の建築美と紅葉
が生み出す絶景

清 水の舞台"として知られ
る清水寺の本堂は高さ約
13m。急峻な崖の上に建築す
る「懸造り」とよばれる日本
古来の伝統工法が用いられて
おり、大きく張り出した舞台を
しっかりと支えている。

兵庫県◆豊岡市

安國寺
あんこくじ

絵画の中に
入り込んだような光景

ド ウダンツツジの紅葉が人
気で、なかでも本堂越し
に見る景色が一枚の絵画のよ
うだと話題を集めている。本
堂は、紅葉の時期のみ一般公
開されている。※令和2年
(2020)度の一般公開は中止

京都府◆京都市

高台寺
こうだいじ

四季折々に姿を変える
美しい庭園

豊 臣秀吉の正室・北政所ゆ
かりの寺院。境内には庭
園が点在し、桜や紅葉の時期
には夜間のライトアップイベ
ントなども行われている。

和歌山県◆田辺市

大斎原

おおゆのはら

神降りの伝説が残る
パワースポット

世界遺産にも登録されている熊野本宮大社の旧社地。かつてこの地に神が降臨したことで熊野本宮大社が創建されたといわれている。ひときわ目をひく高さ約34mの大鳥居は、日本一の規模。

奈良県◆桜井市

談山神社

たんざんじんじゃ

奈良を代表する
歴史ある紅葉の名所

大化改新に由来する社号をもつこの神社は、紅葉の名所としても名を馳せている。高さ約17mの木造十三重塔は世界で唯一のもので、談山神社のシンボル。

まっすぐに延びる壮大な**橋**

兵庫県◆神戸市ほか

明石海峡大橋

あかしかいきょうおおはし

「パールブリッジ」の
別名をもつ世界一の橋

明 石海峡を挟んで兵庫県神戸市と淡路市を結ぶ、全長約3911mの世界最長の吊り橋。日没後にはライトアップが行われ、1時間ごとの毎正時には虹色のイルミネーションが鮮やかに灯る。

大阪府◆交野市

星のブランコ

ほしのぶらんこ

七夕伝説に由来する
自然に囲まれた吊り橋

大 阪府民の森 ほしだ園地内にある全長約280m、標高約180mの全国最大規模の木床版吊り橋。「星のブランコ」という名前は、橋の架かる地に残る七夕伝説に由来。

京都府◆京都市

渡月橋
とげつきょう

四季の景観に彩られる
嵐山のシンボル

京都市を流れる桂川に架かる、嵐山を象徴する橋。歴史は古く、承和3年(836)に架橋したのがその始まりだといわれている。周囲の山々や桂川との調和が美しく、観光名所としても人気が高い。

奈良県◆十津川村

谷瀬の吊り橋
たにぜのつりばし

清流を眼下に望む
スリル満点の空中散歩

日本有数の長さを誇る谷瀬の吊り橋は、歩くたびにゆらゆらと揺れるスリルが特徴。もとは十津川村の人々の生活用の橋として架けられたが、今では十津川村を代表する観光スポットとなっている。

京都府◆八幡市ほか

上津屋橋
こうづやばし

独特な構造をもった
風情ある木橋

木津川に架かる全長約356.5mの木橋。増水時の抵抗を少なくするため、橋げたが流れる構造になっており、このことから通称「流れ橋」という。時代劇の撮影にもたびたび利用されている。

近畿

293

郷愁を覚える里山

扇形に広がる
パッチワークのような水田

あらぎ島 和歌山県◆有田川町

あらぎじま

和 歌山県で唯一、日本の棚田百選に選ばれ
ており、春は水鏡、冬は雪景色と四季そ
れぞれで異なる景観が楽しめる。2013年に
は国の重要文化的景観にも選定された。

和束の茶畑

わづかのちゃばたけ

緑一面の風景は
まさに茶の桃源郷

　宇治茶の産地として有名な和束町は、町内に茶畑が広がることから「茶源郷」ともよばれている。急勾配かつ一面に広がる茶畑と、その合間に立つ民家の景観は茶の町を代表するものとなっている。

袖志の棚田

そでしのたなだ

日本海と棚田の
幻想的な光景

　険しい山々と海に挟まれた土地を利用して田んぼが作られており、約400枚の棚田が広がっている。日本海と集落と棚田の美しい調和から、日本の棚田百選にも選定されている。

近畿

美山かやぶきの里

みやまかやぶきのさと

日本情緒あふれる
茅葺き屋根の家

　茅葺き屋根の民家が点在するかやぶきの里は、日本の原風景に出合える人気観光スポット。民家のライトアップや一斉放水など、一年を通じてさまざまなイベントが催される。

息をのむ美しさが広がる**海**

京都府◆京丹後市

丹後松島

たんごまつしま

日本三景の名を称す
京都の海絶景

日本三景のひとつである松
島に似ていることから名
付けられた景勝地。リアス海
岸に連なる断崖や奇岩の風景
は、丹後の海岸地形の一部と
して、京都の自然200選にも
選ばれている。

リゾート気分を味わえる 関西屈指のビーチ

和歌山県◆白浜町

白良浜

しららはま

全 長約620mの遠浅の砂浜で、石英砂の浜辺とエメラルドグリーンの海のコントラストが美しいリゾートビーチ。海水浴のシーズンには毎年約60万人以上の観光客が訪れている。

和歌山県◆白浜町

円月島

えんげつとう

沈む夕日とのコラボレーションが格別

正 式名称は「高嶋」だが、島の中央にぽっかりと円月形の海食洞があいていることから「円月島」とよばれ、白浜のシンボルとして親しまれている。

近畿

天神崎

てんじんざき

気候や潮の満ち引きなど、さまざまな自然条件が揃ったときにのみ見られる鏡張り現象を、天神崎で体験することができる。水面に夕日が美しく反射する夕方から日没後の時間帯が特におすすめ。

鏡のような絶景に出合う
「和歌山のウユニ塩湖」

夕日ヶ浦海岸
ゆうひがうらかいがん

夕日に照らされた
シルエットが映える

　そ の名のとおり、水平線に沈む美しい夕日が望める景勝地。日本の夕陽百選に選ばれており、春から秋の時期にはSNS映えすると人気のビーチブランコ「ゆらり」が設置される。

京都府◆宮津市

天橋立
あまのはしだて

日本三景に数えられる
自然がつくった景勝

　松 の木が生い茂る全長約3.6kmの砂洲は、何千年もの歳月をかけて自然がつくり出した造形で、天に架かる橋のように見えることから「天橋立」と名付けられた。

日和山海岸

ひよりやまかいがん

昔話の世界観に浸れる
神秘的なスポット

無 人島に立つあずま屋が昔話『浦島太郎』に登場する竜宮城を彷彿させると人気の絶景。浦島太郎と乙姫は再会したという言い伝えから、カップルも多い。

弘法大師が一夜にして立てた
という伝説が残る奇岩

和歌山県◆串本町

橋杭岩

はしぐいいわ

大 小40余りの岩柱が約850mにわたりそそり立っている不思議な光景は、その規則的な並び方が橋の杭に似ていることから「橋杭岩」と名付けられた。岩柱の間から望む日の出も絶景。

和歌山県◆由良町

白崎海岸

しらさきかいがん

青と白が美しい
「日本のエーゲ海」

岬 全体が白い石灰岩でできており、青い海と白い岩のコントラストが美しく、「日本のエーゲ海」と称されている。約2億5000万年以上前の石灰岩からは、原生生物の化石も発見されている。

Castle

日本独特の建築美をもつ城

日本で初めて
世界遺産となった優美な城

兵庫県◆姫路市

姫路城

ひめじじょう

「白」鷺城」ともよばれる白亜の城。慶長14年（1609）に池田輝政によって今のような大規模な城郭に改築された。1993年には世界文化遺産に登録されている。

兵庫県◆朝来市

竹田城跡

たけだじょうせき

完 存する石垣遺構としては日本屈指の規模を誇る山城跡。雲海に浮かぶ姿は、9〜11月の早朝、気候条件が揃ったときにしか見られない貴重な絶景だ。

「天空の城」のさきがけとなった絶景城跡

大阪府◆大阪市

大阪城

おおさかじょう

天下統一を象徴する絢爛豪華な城

天 下人・豊臣秀吉の城として有名な壮大な出で立ちの城で、築城当時は現在の4〜5倍という広大な規模を有していたといわれている。

滋賀県◆彦根市

彦根城

(ひこねじょう)

庭園から望む
小ぶりな国宝天守

井 伊家によって築城された
滋賀を代表する城。保存
状態のよい現存天守は、日本
で5つしかない国宝天守のひ
とつに指定されている。

一度は歩いてみたい **道**

四季の移り変わりも楽しめる
木々に包まれた一本道

滋賀県◆高島市

メタセコイア並木

めたせこいあなみき

琵 琶湖の北西部に位置し、全長約2.4kmの道路に約500本のメタセコイアが植えられている。新緑や紅葉、雪景色と四季折々の景観がどれも美しいと話題の街路樹だ。

健康保全記?
バウンシング
ファキ断念
自力整体ま
地体による術

306

哲学の道

てつがくのみち

哲学者が思索しながら歩いた小径

京都の哲学者・西田幾多郎らが歩いたことから名前がつけられた、小川沿いの遊歩道。桜や紅葉を見て楽しむほか、小径沿いには社寺や趣ある店が点在するので、散策ついでに立ち寄るのも◎。

JR福知山線
廃線敷

じぇいあーるふくちやませんはいせんじき

鉄道遺構を楽しむ
ハイキングコース

かつて機関車が走っていた約4.7kmの廃線跡が、現在は鉄道遺構を楽しめるハイキングコースとして人気を集めている。6つのトンネルや3つの橋が当時のまま残る。

高くそびえる竹林に囲まれた
古都の風情あふれる小径

嵯峨野の竹林 京都府◆京都市

さがののちくりん

約400mにわたって続く道の左右に、空を
覆うほど高く伸びた竹がそびえる京都を
代表する観光地。冬にはライトアップも行わ
れ、いっそう幽玄で静謐な雰囲気が楽しめる。

和歌山県◆那智勝浦町ほか

熊野古道

くまのこどう

世界に2つしかない
道の世界遺産

熊野本宮大社をはじめとする熊野三山を結ぶ石畳が特徴の参詣道で、「紀伊山地の霊場と参詣道」の一部として世界文化遺産に登録されている。

京都府◆京都市

蹴上インクライン

けあげいんくらいん

線路内を歩いて
観賞する満開の桜

世界最長の傾斜鉄道（インクライン）跡。琵琶湖疏水の急斜面で舟を運航するために敷設されたが、舟運の衰退に伴い、昭和23年（1948）にその役割を終えた。

Night view

思わず心奪われる夜景

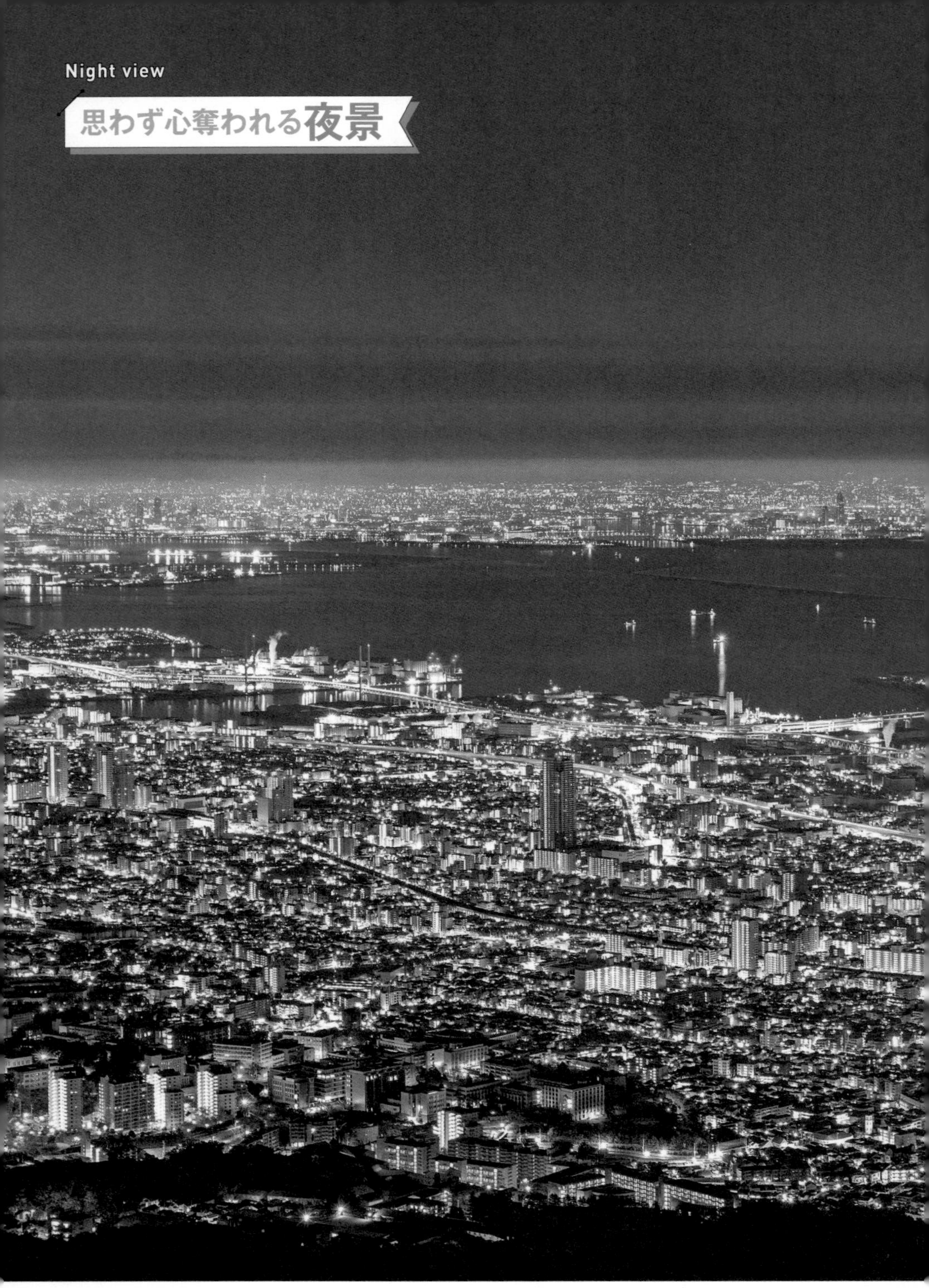

兵庫県◆神戸市

摩耶山 掬星台

まやさん きくせいだい

耶山の山頂付近に位置し、大阪方面から神戸市街までの広大な夜景を望める展望台。「手で星が掬える」ほどの標高に立つことから掬星台という名がつけられた。

ダイナミックに広がる
日本三大夜景のひとつ

和歌山県◆有田市

ENEOS
和歌山製油所
えねおすわかやませいゆじょ

海沿いに広がる
近未来的な工場夜景

約 248万㎡もの広大な敷地
面積を誇る工場は、夜に
なるとまるでSFの世界に入
り込んだような美しい夜景を
描く。

京都府◆京都市

将軍塚
しょうぐんづか

市街を一望する
「京の都」始まりの場所

京 都のシンボルである京都
タワーを中心に、京都市
街が見渡せる夜景スポット。
名前の由来はかつて桓武天皇
がこの場所で平安遷都を決意
し、将軍の像を埋めて安泰を
祈ったためといわれている。

大阪府◆東大阪市ほか

生駒山

いこまやま

展望スポットから
きらめく街を望む

生駒山地を南北に抜ける信貴生駒スカイライン沿いをはじめ、周囲には大阪・奈良方面の夜景を望める展望スポットが数多く点在する。パノラマに広がる市街地の夜景はデートにも人気だ。

大阪府◆豊中市

千里川土手

せんりがわどて

子どもから大人まで
楽しめるスポット

大阪国際空港の南東に位置する千里川土手からは、空港に離着陸する飛行機を間近で見ることができる。夜には滑走路や街の明かりが灯り、異なる雰囲気を味わえる。

大阪府◆大阪市

梅田スカイビル
空中庭園展望台

うめだすかいびるくうちゅうていえんてんぼうだい

きらびやかな
大阪の街を眼下に

梅田スカイビルの地上40階に造られた空中庭園からは、高層ビルや鉄道がきらめく大阪市街の夜景を楽しむことができる。見る方角を変えれば、六甲山系や淀川などの雄大な自然も望める。

自然が織りなす勇壮な**渓谷**

紅葉と清流が織りなす
関西屈指の渓谷美

みたらい渓谷 　奈良県◆天川村

みたらいけいこく

透 明度の高い清流と大小さまざまな巨石、そして周囲の木々が見事な渓谷。川沿いには遊歩道も整備されており、長閑な自然に囲まれながらのハイキングが楽しめる。

京都府◆亀岡市ほか
保津渓谷
ほづけいこく

ダイナミックな景観とトロッコ列車の共演

川 下りが有名で、長年の浸食によって深く切り込んだV字型の河岸が特徴の保津渓谷。嵯峨〜亀岡間の川沿いを走るトロッコ列車に出合えることも。

奈良県◆十津川村ほか
瀞峡
どろきょう

風光明媚な自然に出合える秘境

国 の特別名勝に指定されており、切り立った断崖とコバルトブルーの穏やかな川面が美しい。大自然の迫力を間近で味わえる観光用のジェット船が行き交っている。

迫力満点に流れ落ちる**滝**

自然への畏敬を抱かせる
日本三名瀑のひとつ

和歌山県◆那智勝浦町

那智の滝

なちのたき

落差・水量ともに日本屈指。熊野那智大社の別宮、飛龍神社の御神体として古くから崇められた名瀑で、133mの高さから流れ落ちる圧巻の光景は必見。

箕面大滝 大阪府◆箕面市

みのおおたき

箕 面公園内にある落差33mの滝。流れ落ちる姿が農具の「箕」に似ていることから名付けられ、地名の由来にもなったとされる。

布引の滝 兵庫県◆神戸市

ぬのびきのたき

布 引渓流にある4つの滝を総称して「布引の滝」とよぶ。日本三大神滝に選ばれており、古くから和歌や詩歌に詠まれている。

京都府◆宮津市

金引の滝

かなびきのたき

清涼とした雰囲気が漂う癒やしスポット

高 さ約40m、幅約20mの岩肌を数本に分かれて流れ落ちる姿が特徴的な滝で、一年中豊かな水量を誇っている。夏は涼を求める人々の憩いの場所となっている。

四季が生み出す色とりどりの花

ネモフィラが奏でる
青のハーモニー

大阪まいしま
シーサイドパーク

おおさかまいしましーさいどぱーく

大阪湾を望む広大な丘に約100万株のネモフィラが一面に咲き誇る。例年4〜5月に開催される「ネモフィラ祭り」では、桜との共演も。

花博記念公園
鶴見緑地

はなはくきねんこうえん つるみりょくち

春 はネモフィラ、秋はコスモスと、一年を通して四季折々の花を楽しめる。世界中の植物を栽培する巨大な温室「咲くやこの花館」も必見。

異国の地を思わせる
風車と花の風景

吉野山
よしのやま

多くの歌に詠まれた「一目千本」の桜

シロヤマザクラを中心に約3万本もの桜が密集する桜の名所。「一目に千本見える豪華さ」という意味で「一目千本」ともうたわれている。

奈良県◆橿原市

本薬師寺跡
もとやくしじあと

田園風景に広がるすみれ色の花

例年8月末～9月ごろにかけ、本薬師寺跡周辺の休耕田に咲くホテイアオイ。淡い紫色の花が美しく、最盛期には約40万株が咲き誇る。

奈良県◆橿原市

藤原宮跡
ふじわらきゅうせき

ピンク色と黄色のコントラストが美しい

名勝・大和三山に囲まれた宮跡には季節ごとに美しい花景色が広がる。特に春には満開の桜と250万本の菜の花が織りなす絶景が楽しめる。

近畿

意匠を凝らした独特な**建築**

時が止まった島に静かに眠る要塞群

友ヶ島 （和歌山県◆和歌山市）

ともがしま

友ヶ島とは紀淡海峡に浮かぶ地ノ島、虎島、神島、沖ノ島の総称。沖ノ島には戦時中に造られた要塞が今も残り、苔むした砲台跡などが深い森の中に静かに眠っている。

南禅寺 水路閣
なんぜんじ すいろかく

境内に溶け込む
レトロなアーチ橋

明治21年(1888)に完成
したアーチ型橋脚の水路
橋。洋風なたたずまいながら
南禅寺や周囲の自然とも調和
し、独特の景観を生んでいる。

滋賀県◆甲賀市

MIHO MUSEUM
みほ みゅーじあむ

トンネルの先に待つ
美の桃源郷

山中に突如現れる美術館は
「桃源郷」をイメージして
I.M.ペイ氏が設計したもの。
周囲の自然を生かした建物やト
ンネルなども見ごたえがある。

水面に映る景色も美しい**池**

の夜を提灯が彩る
巻物の世界

猿沢池

奈良県◆奈良市

さるさわいけ

奈　良八景のひとつに数えられる風光明媚な池。帝の寵愛が衰えたことを嘆いた采女が身を投げたという伝説でも知られる。毎年夏に行われるライトアップイベントは必見。

京都府◆精華町

けいはんな記念公園 水景園

けいはんなきねんこうえん すいけいえん

自然美を生かしたユニークな庭園

見伝統的な日本庭園に見えるが、木枠に覆われた「観月楼」や水面上約10mに架かる「観月橋」など、斬新なデザインが随所に光る。

滋賀県◆高島市

平池

だいらいけ

鏡面に姿を映す可憐な紫の花

び わこ箱館山の平池周辺では、梅雨の時季になると約1万本ものカキツバタが開花する。濃い紫色の花が水面に揺れる様子が幻想的。

和歌の浦で出合える「日本のアマルフィ」

和歌山県◆和歌山市

雑賀崎

さいかざき

急な斜面に建物が張り付いたように立つ景観から「日本のアマルフィ」ともよばれる景勝地。漁港の灯りが幻想的に街を照らす夜景も必見。

文豪が愛した
柳並木をそぞろ歩き

城崎温泉 兵庫県◆豊岡市

きのさきおんせん

奈 良時代から親しまれてきた歴史ある温泉
街で、柳並木が続く大谿川を中心に風情
ある街並みが広がる。志賀直哉をはじめ多く
の文人にも愛された文学の街としても有名。

京都府◆京都市

祇園白川
ぎおんしらかわ

京情緒を感じる
はんなりとした花街

右 畳の道に切妻造のお茶屋が立ち、いかにも京都らしい景観が広がる。白川沿いには柳が揺れ、春にはしだれ桜が美しい姿を見せる。

京都府◆伊根町

伊根の舟屋
いねのふなや

漁師の町に残る
懐かしい風景

古 くから漁業が盛んであった伊根湾では、船の収納庫の上に住居を備える舟屋が発展した。海とともに生きた人々の暮らしを物語る風景だ。

奈良県◆奈良市

ならまち
ならまち

歴史ある町家が続く
レトロな街並み

元 興寺の旧境内を中心に、江戸～明治時代にかけて建てられた建物が残る一帯。格子戸のある町家が立ち並び、情緒ある景観を楽しめる。

神秘的な霧と雲海

雲海と紅葉が織りなす
壮大なショー

◆大江山の雲海 京都府◆福知山市ほか

おおえやまのうんかい

大江山の八合目にある鬼嶽稲荷神社からは、条件が揃えば由良川上空に広がる雲海を眺められる。秋には周囲の木々が色とりどりに色づき、雲海と紅葉の共演が楽しめる。

田原の海霧

たわらのうみぎり

朝焼けに染まる
海上の霧

冬の早朝、川を下ってきた霧が海上で暖まることで起きる自然現象。陽光に輝く海霧と奇岩が織りなす風景が神々しさを感じさせる。

滋賀県◆高島市ほか

小入谷の雲海

おにゅうだにのうんかい

天空の道から望む
真っ白な世界

滋賀県と福井県の境に位置し、紅葉の名所として知られる。晩秋の早朝、運がよければ尾根を走る林道の先に雲海が見られることも。

幻想的な雰囲気を醸す**冬景色**

滋賀県◆長浜市

余呉湖
よごこ

鏡のような水面に美しい自然を映す

羽 衣伝説も残る神秘的な湖。穏やかな湖面から、「鏡湖」ともよばれる。冬には一面銀世界に包まれ、ワカサギ釣りに興じる人も多い。

京都府◆京都市

貴船神社
きふねじんじゃ

雪化粧をまとった灯篭がお出迎え

赤 い春日灯篭が連なる参道は貴船神社を代表的するスポット。新緑や紅葉のころはもちろん、しんしんと雪が降り積もる冬の姿も美しい。

新舞子浜の干潟

しんまいこはまのひがた

瀬 戸内海に面した穏やかな
海岸。干潮時には波打っ
たような模様の干潟が現れ、
夕日や朝日を反射してドラマ
チックな光景を見せる。

広大な干潟が
オレンジ色に染まる

近畿

333

この奈良の古物は、
ひとり奈良という一地方の宝であるのみならず
じつに日本の宝でもあります。
いや、世界においてももはや得ることのできない
貴重な宝なのであります。

アーネスト・フェノロサ
淨教寺本堂での講演『奈良の諸君に告ぐ』

アーネスト・フェノロサが見た奈良

古都の神秘的な仏教芸術に魅了されたアメリカ人哲学者

外国人教師として明治11年(1878)に来日した米国人哲学者のアーネスト・フェノロサ。日本の美術に傾倒し、なかでも東大寺や法隆寺など奈良の天平仏に深い感銘を受け、古代ギリシャ芸術に通ずる美と称賛した。フェノロサが政府調査員として奈良を訪れた際、僧侶を説得し法隆寺夢殿の絶対秘仏・救世観音菩薩立像を約200年ぶりの開帳へ導いた話が有名だ。

当時の日本は廃仏毀釈運動や欧化政策の影響で仏教や日本古来の文化が軽視され、失われつつあった時代。現状を憂慮したフェノロサは奈良市淨教寺で『奈良の諸君に告ぐ』と題した講演を行い、奈良の文化財は世界に誇る貴重な宝であるとその重要性を市民に語りかけた。フェノロサの文化財保護の活動は、のちの文化財保護法制定に至る原動力となった。

アーネスト・フェノロサ
Ernest Francisco Fenollosa　1853-1908
アメリカ出身の哲学者。明治11年(1878)に来日して東京大学教授に就任し、日本美術の調査研究も行う。東京美術学校(東京藝術大学の前身)の副校長就任後に帰国し、ロンドンで55歳に逝去。文化財保護に貢献した日本美術の救世主とよばれる。

斑鳩 （奈良県◆斑鳩町）
いかるが

聖徳太子が斑鳩宮を建造して推古13年(605)に移り住み、法隆寺を創建した地。のどかな風景に法起寺や法輪寺など聖徳太子ゆかりの古寺が点在する。

中国

2つの海と山々が見せる、多様な自然の造形美

中国 ちゅうごく

急峻な地形の多い日本海側の山陰地方と丘陵地が広がる山陽地方からなる。境に連なる中国山地や瀬戸内海沿岸の多島美など、バラエティに富んだ景観が楽しめる。

岡山県と四国の香川県を結ぶ瀬戸大橋。きらめく海と空が美しい

ダイナミックな名勝が点在

鳥取県 とっとり

| 県庁所在地 | 鳥取市 | 政令指定都市 | なし |
| 面積 | 3507km²(全国41位) | 人口 | 約57万人(全国47位) |

北に日本海、南に中国山地がある、東西に細長い県。砂丘で知られる東部、温泉地の多い中部、大山を有する西部に区分され、豊かな自然が各地に残る。名産品は松葉がに、二十世紀梨、ラッキョウなど。人口は全国で最も少ない。

主な絶景 東部の海沿いには日本最大の砂丘や海食地形の海岸が広がり、唯一無二の景観が眺められる。奥深い山々には、三徳山三佛寺の国宝や西日本最大級のブナ林など貴重なスポットが。高原を見渡せる大山のドライブコースも人気が高い。

県を代表する景勝地、鳥取砂丘。らくだライドなど遊びも充実

悠久の歴史が息づく神々の国

島根県 しまね

| 県庁所在地 | 松江市 | 政令指定都市 | なし |
| 面積 | 6708km²(全国19位) | 人口 | 約69万人(全国46位) |

山陰地方西部に位置し、隠岐諸島も県に属する。古事記に記された「神々の国」であり、出雲・隠岐ともに歴史と文化が息づいている。また、世界文化遺産に登録された石見銀山も名高い。県土は東西に長く、海岸は約1000kmに及ぶ。

主な絶景 出雲大社をはじめ稲佐の浜や神社など神話の舞台が各地に点在するほか、奇岩がそそり立つ海岸や山陰最古の石造り灯台、夕日の名所・宍道湖など水辺の景勝地も有名だ。また、美しい庭を有する美術館やボタンの庭園も風光明媚。

全国の神々を迎えるという稲佐の浜。国譲りの神話で知られる

瀬戸内に面する温暖な晴れの国

岡山県 おかやま

県庁所在地 岡山市 **政令指定都市** 岡山市
面積 7114km²（全国17位） **人口** 約192万人（全国20位）

北は山陰、南は瀬戸内海に接し、交通の要衝として栄えてきた。南部は温暖な気候に恵まれ、マスカットやピオーネ、白桃の栽培が盛ん。岡山市と倉敷市に人口が集中しており、倉敷には県を代表する工場の地、水島工業地帯がある。

主な絶景 日本三名園の岡山後楽園や桃太郎伝説が残る吉備津神社、白壁の蔵屋敷が並ぶ倉敷美観地区が有名。一方、県北部は山に恵まれ、壮大な紅葉や滝が眺められる。南部沿岸の瀬戸内海の風景も優美。

倉敷美観地区には伝統的な建物が立ち並び、レトロな風情を醸す

世界遺産にふれる国際都市

広島県 ひろしま

県庁所在地 広島市 **政令指定都市** 広島市
面積 8480km²（全国11位） **人口** 約284万人（全国12位）

中四国最大の都市・広島市が県庁所在地で、大きく西部の安芸地方と東部の備後地方に区分される。自動車産業や商業が盛んな一方、自然に恵まれ、農業や漁業の名産品も多い。原爆ドームと厳島神社、2つの世界遺産を有する。

主な絶景 厳島神社や弥山のある宮島には歴史的景観が広がる。鞆の浦や尾道は映画のロケにもしばしば使われ、風情ある街並みが人気だ。しまなみ海道の中の多々羅大橋では瀬戸内海を一望できる。

毛利輝元が築いた広島城

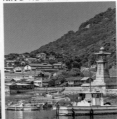
潮待ちの港、鞆の浦

長門市にある元乃隅神社。123基の真っ赤な鳥居が圧巻

歴史浪漫が薫る、産業の町

山口県 やまぐち

県庁所在地 山口市 **政令指定都市** なし
面積 6112km²（全国23位） **人口** 約140万人（全国27位）

本州と九州を結ぶ要地であり、古来より大陸文化ともつながりが深い。江戸時代、長州藩では教育に力が注がれ、吉田松陰や高杉晋作らを輩出し、明治維新の原動力となった。明治以降は都市化が進み、全国有数の工業県に発展している。

主な絶景 三方を海に囲まれており、北部では荒々しい日本海、南部では穏やかな瀬戸内海、西部の港湾地域では大規模なコンビナートと、さまざまな海の表情が見られる。県中央には日本最大級のカルスト台地である秋吉台が広がる。

大内文化を伝える瑠璃光寺

中国の世界遺産

- ● **石見銀山遺跡とその文化的景観**
  【島根県】→P496

- ● **厳島神社**【広島県】→P344

- ● **原爆ドーム**【広島県】

- ● **明治日本の産業革命遺産**
  製鉄・製鋼、造船、石炭産業【山口県】→P359

日本最大を誇った石見銀山

x

中国

自然を満喫できる中国地方最高峰の大山

季節の花や緑で彩られる岡山後楽園

竹原は「安芸の小京都」とよばれる町

島根県松江市の宍道湖。夕暮れどき、水面は真っ赤に染まり、嫁ヶ島が浮かび上がる

山口県

コバルトブルーの海を跨いで、下関市から角島に架かる角島大橋

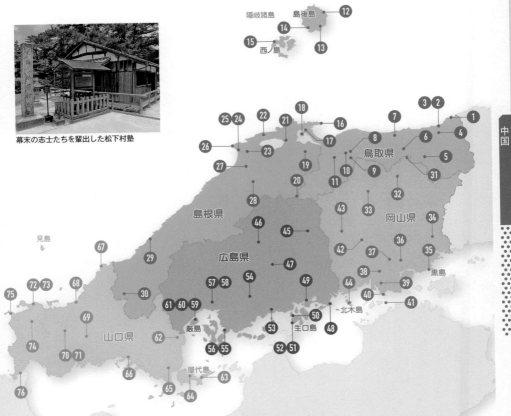

幕末の志士たちを輩出した松下村塾

中国

339

Bridge

計算された美しさをもつ橋

映画みたいな
憧れ絶景シーライン

角島大橋

つのしまおおはし

本州と角島を結ぶ、全長
1780mの架橋。海の上
を一直線に延び、緑の島の間
を抜ける。本州側にある海士
ヶ瀬公園が絶好の撮影場所。

中国

島根県◆松江市

江島大橋

えしまおおはし

6.1%の急勾配
通称「ベタ踏み坂」

鳥取県境港市と島根県松江市を結ぶ橋。松江市側の坂が急勾配になっており、江島の隣の大根島から撮影すると迫力ある遠景写真が撮れる。

岡山県◆倉敷市

瀬戸大橋

せとおおはし

いくつもの島を結ぶ
世界最大級の橋梁群

岡山県倉敷市と香川県坂出市を結ぶ10の橋の総称。上部は車道、下部は鉄道の二層構造。写真は岡山県倉敷市の鷲羽山展望台からの眺望。

広島県◆呉市

第二音戸大橋

だいにおんどおおはし

日招き大橋の別名を
もつ朱赤のアーチ橋

平 清盛が切り開いたといわれる音戸の瀬戸に架かる橋。橋の赤色は、ともに平清盛と関係が深い厳島神社の大鳥居の色に合わせたもの。

山口県◆岩国市

錦帯橋

きんたいきょう

城下町に架かる
巨大な木組み橋

江 戸時代初期に天災に強い橋を目指して建造された、全長193.3m、5連の木造アーチ橋。橋とその周辺は、風光明媚な景観でも知られる。

広島県◆尾道市

多々羅大橋

たたらおおはし

洗練された美しさの
しまなみ海道の大橋

広 島県尾道市の生口島と愛媛県今治市の大三島をつなぐ。全長1480m、国内最長の斜張橋で、鳥が羽を広げたような美しい姿に定評がある。

中国

荘厳さに心洗われる**社寺**

1 2 3基の鳥居がつくる赤と青のコントラスト

山口県◆長門市
元乃隅神社
もとのすみじんじゃ

昭和30年(1955)創建。海岸から高台に向かって100m以上連なる鳥居群と、その向こうに見える日本海が絶景スポットとして人気。

広島県◆廿日市市
嚴島神社
いつくしまじんじゃ

満潮時は海上に浮かんで見える

平安末期、平清盛によって現在の姿の社殿が建てられた。嚴島神社のある島そのものが御神体と考えられていたため、海上に建築された。
※2020年10月現在、大鳥居改修工事中

344

島根県◆出雲市

出雲大社

いづもおおやしろ(いずもたいしゃ)

縁結びの神を祀る
日本随一の古社

神々が建てた巨大神殿といわれ、旧暦10月の神在月には日本全国から神々が集う。神楽殿にある注連縄は長さ13.6mで、日本最大級。

粟津稲生神社

あわづいなりじんじゃ

鳥居と社殿の間を 一日に二十事が通る

伏見稲荷大社の分霊を祀っ
たと伝えられる小さな神
社。参道と社殿の間に線路が
あり、一畑電車が鳥居と社殿
の間を横切る光景が印象的。

日御碕神社　島根県◆出雲市

ひのみさきじんじゃ

「日の本の夜を守る」とされる神社。天照大
御神を祀る「日沈宮」と素盞嗚尊を祀る
「神の宮」があり、2社は廻廊で結ばれている。

三徳山三佛寺 投入堂　鳥取県◆三朝町

みとくさんさんぶつじ なげいれどう

山岳寺院の三佛寺にある奥院。急峻な岩肌の窪みに立つ。
平安時代後期の建築といわれ、役行者が法力で岩屋にお
堂を投げ入れたという伝説がある。

吉備津神社 （岡山県◆岡山市）

きびつじんじゃ

吉 備の総鎮守と伝わる古社。本殿と本宮社をつなぐ全長約360ｍの廻廊は、自然の地形そのままに一直線に建てられている。

一畑薬師（一畑寺） （島根県◆出雲市）

いちばたやくし（いちばたじ）

薬 師信仰の総本山で、宍道湖が一望できる「目のお薬師様」として有名な寺院。八万四千仏堂には、高さ24cmの仏像が並んで奉納されている。

（岡山県◆倉敷市）

祇園神社

ぎおんじんじゃ

海と大橋を見渡す
丘の上の神社

旧 城址の小高い岬の上に鎮座する。古くは航海安全を祈願する神社として親しまれた。境内からは瀬戸内海の島々と瀬戸大橋が見下ろせる。

Flower

力強く一面に咲き誇る**花**

由志園
ゆうしえん

　出雲地方の豊かな地形をイメージした池泉回遊式日本庭園。ボタンや花菖蒲、シャクヤクなどさまざまな花が咲き、一年中楽しめる。

四季折々の花が咲く
出雲の国の箱庭

藤公園

ふじこうえん

日本一の品種数
カラフルな藤の楽園

園内の藤は100種類以上。紫、ピンク、白と色とりどりの花が4月下旬から5月上旬に一斉に咲く様子は、別世界に迷い込んだかのよう。

Flower village
花夢の里

ふらわーびれっじ かむのさと

高原を覆い尽くす
鮮やかな花の絨毯

世羅高原内にあり、芝桜とネモフィラの花畑の面積は西日本最大級。4月下旬〜5月ごろには、ピンクとブルーの広大な花の丘となる。

中国

とっとり花回廊

とっとりはなかいろう

澄んだ空気のなかに
広がるフラワーパーク

非常に広い園内で、名峰大山をバックに一年中花畑が際限なく広がる。一周1kmの屋根付き展望回廊やガラス温室など、屋内施設もある。

大地の息吹を感じて

【鳥取県◆鳥取市】

鳥取砂丘
とっとりさきゅう

10万年の歳月が
つくる砂のパノラマ

　観光可能な砂丘としては日本一の広さ。「馬の背」とよばれる高い丘の上から日本海を一望でき、早朝や夕方には美しい風紋が見られる。

北木島採石場　【岡山県◆笠岡市】
きたぎしまさいせきじょう

良　質な白い花崗岩がとれ、昭和時代まで採石業が盛んだった北木島。展望台の丁場では垂直に切り取られた高さ約60mの岩壁がそびえる。

©岡山県観光連盟

秋芳洞　【山口県◆美祢市】
あきよしどう

秋　吉台の水に溶けやすい石灰岩がつくり出した鍾乳洞で、総延長は10km以上。百枚皿、黄金柱などと名付けられた多彩な奇観は圧巻。

秋吉台
あきよしだい

かつてはサンゴ礁
広大なカルスト大地

（日）本最大級のカルスト台地。現在は周囲を山に囲まれるが、約3億5000万年前はサンゴ礁だった場所。毎年2月になると山焼きが行われる。

山口県◆尾道市

レモン谷
れもんだに

胸に残るさわやかな
レモンの匂いと景色

（瀬）戸内海に浮かぶ生口島にある、日本一の生産量を誇るレモン畑。12月末ごろからレモンが黄色く熟し、青い海とのコントラストをなす。

中国

山口県◆萩市

須佐
ホルンフェルス
すさほるんふぇるす

海岸に切り立つ
迫力ストライプ模様

（岩）が溶岩の熱で変成してできた地形。高さ約15mの「畳岩」は、白黒の縞模様の地層が、地下から入り込んだマグマの熱で硬化している。

View spot

眼下に広がる美しい**展望**

おりづるタワー

おりづるたわー

ウッドデッキが心地よい展望台

原 爆ドーム近くにある複合商業施設。屋上展望台の「ひろしまの丘」から、平和記念公園や広島市街、晴天なら宮島の弥山まで見晴らせる。

島根県◆浜田市

ゆうひパーク三隈

ゆうひぱーくみすみ

山と海の真ん中を列車が横切る

日 本海に沿って延びる国道9号沿いの道の駅。裏庭の広場からは海景色と、海岸を伝うように走るJR山陰本線の列車を見ることができる。

弥山
みせん

原始林が残る
宮島の最高峰

 くから山岳信仰の対象で1200年以上前に弘法大師によって開山したと伝わる。頂上からは巨石群の向こうに瀬戸内の島々が見渡せる。

美保関灯台
みほのせきとうだい

明治時代から
海を見守る灯台

 根半島東端にある地蔵崎の先端に位置する。石造りの灯台の周辺は自然豊かな景勝地が広がり、晴れた日には隠岐の島や大山を望める。

中国

季節や時間で移ろう
額縁の中の庭園

島根県◆安来市

足立美術館

あだちびじゅつかん

近 代日本画を中心に収集する美術館。多様な庭園のなかでも人気なのが「生の額絵」。窓枠に切り取られた枯山水庭は絵画のような美しさ。

広島県◆尾道市

耕三寺博物館（耕三寺）

こうさんじはくぶつかん（こうさんじ）

著名建築を模した建物が所狭しと配置

元 実業家の耕三寺耕三が創建。境内は日本各地の著名な歴史的建造物を模した建築で埋め尽くされており、真っ白な大理石の庭園もある。

鳥取県◆鳥取市

砂の美術館

すなのびじゅつかん

世界最高レベルの迫力サンドアート

砂と水のみで作る砂像を展示。世界屈指の砂像彫刻家たちによって作品が作られるが、毎年一から作り直され、砂の儚さも感じられる。

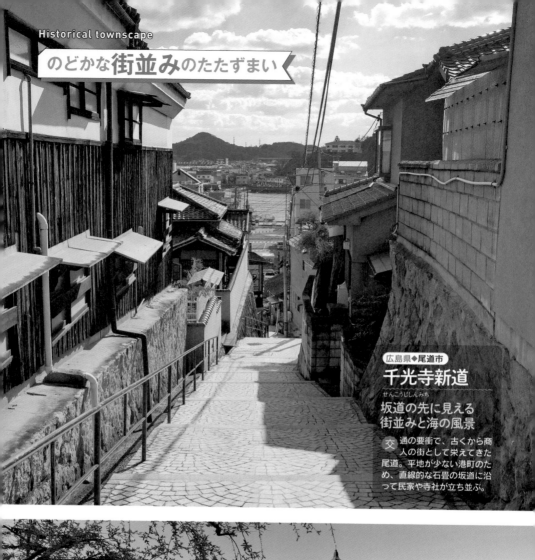

のどかな**街並み**のたたずまい

広島県◆尾道市

千光寺新道
せんこうじしんみち

坂道の先に見える
街並みと海の風景

交通の要衝で、古くから商人の街として栄えてきた尾道。平地が少ない港町のため、直線的な石畳の坂道に沿って民家や寺社が立ち並ぶ。

岡山県◆倉敷市

倉敷美観地区
くらしきびかんちく

柳並木の川沿いの
レトロモダンな風景

江戸時代は物資の集積地、明治時代は紡績産業の街として繁栄。倉敷川沿いに白壁の蔵屋敷から洋風建築まで、時代をまたぐ建物が集まる。

広島県◆東広島市

西条酒蔵通り

さいじょうさかぐらどおり

芳しい香りが漂う
レトロな酒の街

賀 茂鶴酒造など、7社の蔵元の酒蔵がある。白壁・赤瓦に赤レンガの煙突の酒蔵群が、旧宿場町の風景と相まって西条独自の景観をつくる。

広島県◆竹原市

たけはら町並み
保存地区

たけはらまちなみほぞんちく

伝統的な建築が並ぶ
安芸の商家町

江 戸時代に製塩町として栄え、石畳の小路に当時の発展ぶりを偲ばせる町家が密集する。竹原格子とよばれる特徴的な格子もみどころ。

広島県◆福山市

鞆の浦

とものうら

万葉集にも詠われた情緒ある港町

　潮の流れが鞆の浦付近で変わることから、「潮待ちの港」として古くから栄える。常夜灯や雁木など、江戸時代からの港湾施設がよく残る。

島根県◆津和野町

津和野城下町

つわのじょうかまち

白なまこの壁が続く静かな山陰の小京都

　城下町らしく旧武家屋敷や旧藩校が残り、道端の水路には鯉が泳ぐ。キリシタン流刑の地でもあり、キリスト教にまつわるスポットも点在。

岡山県◆高梁市

吹屋ふるさと村

ふきやふるさとむら

山奥に忽然と現れる
ベンガラの街並み

幕末から明治にかけベンガラの生産で繁栄した集落。赤褐色に統一された家々は、島根県の石州瓦と、吹屋のベンガラが合わさったもの。

島根県◆隠岐の島町

西郷の街並み

さいごうのまちなみ

離島の中心に残る
昔ながらの漁村

古くは風待ち港として栄え、現在も隠岐諸島の中心地。川沿いに漁船と石州瓦の民家が並び、離島の漁師町らしい素朴な風景を醸し出す。

山口県◆萩市

萩城下町

はぎじょうかまち

城下町風情を残す
明治維新胎動の地

幕末に活躍した長州藩の中心拠点としても名高い萩。幕末志士ゆかりの地が点在するほか、城下町としての町並みも見られる歴史の町。

海がつくり出すロマン

ひとときの絶景！
海に浮かぶ砂の道

黒島ヴィーナス
ロード
くろしまゔぃーなすろーど

牛窓の約2km沖に現れる砂の道。黒島と中ノ小島、端ノ小島の3つの小島をつなぐ。全長は800mで、大潮の日の干潮時にしか現れない。

稲佐の浜
いなさのはま

日本神話でも有名な
出雲大社近くの浜

旧暦10月の神在月に全国の神々を迎える、神聖な浜。海岸は西向きのため、夕方には日没の光景と相まってより神々しい景色となる。

鳥取県◆岩美町

浦富海岸
うらどめかいがん

日本海の荒波による
ダイナミックな海景色

約 15kmにわたって続くリアス海岸。奇岩や洞門など自然の力を感じる変化に富んだ地形が続く。透き通った海は海水浴場としても人気。

国賀海岸
くにがかいがん

険しい断崖絶壁と
のどかな風景の共存

激しい海食作用による、大地を切り取ったような垂直の崖、摩天崖がそびえ、ここでは多くの牛馬が放牧されている。海岸線を一望できる赤尾展望所もおすすめ。

ローソク島 島根県◆隠岐の島町
ろーそくじま

夕 日が岩の先端に重なると巨大なろうそくに火を灯したように見える。4～10月に運行のローソク島遊覧船から見られる。

東後畑棚田 山口県◆長門市
ひがしうしろばたたなだ

眼 下に日本海を望む棚田。5月下旬～6月中旬ごろは田に水が張られ、日没には棚田越しにイカ釣り漁船の漁火が見られる。

広島県◆呉市

アレイ
からすこじま

あれいからすこじま

軍港の名残を留める
艦艇が見られる公園

呉 基地係船堀に隣接する臨海公園。海上自衛隊の呉基地に所属する艦艇が遠望できる。呉が海軍の本拠地だった歴史を感じさせるスポット。

島根県◆隠岐の島町

舟小屋群

ふなごやぐん

隠岐の島に残された
昔の漁村の風景

20 棟の杉皮葺きの船小屋が並び、日本海の昔懐かしの漁村らしい雰囲気を醸し出しているのどかな光景。隠岐の島の南西側に位置する。

山口県◆周防大島町

片添ヶ浜

かたぞえがはま

中国地方で南国気分
穏やかな島のビーチ

瀬 戸内のハワイ」周防大島を代表するビーチ。温暖な瀬戸内気候とヤシの並木、澄んだ瀬戸内海が南国ムードあふれる空間をつくっている。

Castle

かつての誇りを今に伝える城

岡山県◆高梁市

備中松山城

びっちゅうまつやまじょう

現存天守を有する山城としては日本で唯一。雲海の中の城が見られるのは、城の向かい側の山中にある展望台。9〜4月の明け方が狙い目。

雲海に包まれた
現存天守の天空城

広島県◆広島市

広島城

ひろしまじょう

大都市広島を
街の中心で見守る

天正17年(1589)に毛利輝元により築城、現在の天守閣は第二次世界大戦後に再建。夜には堀の水面が都市の明かりと城の姿を映し出す。

岡山県◆岡山市

岡山後楽園
おかやまこうらくえん

日本三名園のひとつ
芝生の回遊式庭園

代々岡山藩主の憩いの場として使われてきた大庭園。外観が黒いことから「烏城」の別名をもつ岡山城や、周辺の山を借景としている。

夏景色を彩る**祭り**

水面の鳥居を背面に
浮かぶ水中花火

広島県◆廿日市市

宮島水中
花火大会

みやじますいちゅうはなびたいかい

⑧月に厳島神社の沖合で開
催される。船上で点火さ
れた花火が人の手によって投
げ込まれ、朱い大鳥居や社殿
を照らし出す様子は幻想的。
※2020年10月現在、大鳥居
改修工事中

© 鳥取県

鳥取
しゃんしゃん祭

とっとりしゃんしゃんまつり

鳥取の夏を彩る
鈴の音と華やかな傘

鳥取県東部に伝わる伝統芸能「因幡の傘踊り」をアレンジしたもの。鈴つきの傘を持った踊り子が鳥取駅前の街道を埋め尽くす。

柳井金魚
ちょうちん祭り

やないきんぎょちょうちんまつり

随所に飾られる
キュートなちょうちん

柳井の民芸品「金魚ちょうちん」をモチーフにした夏のイベント。会場内には約4000個の金魚ちょうちんが飾られ、訪れた人を出迎える。

中国

関門海峡
花火大会

かんもんかいきょうはなびたいかい

海峡を挟んで
行われる花火大会

毎年8月に行われ、山口県下関市側と福岡県北九州市側の両岸の港からそれぞれ7500発の花火が上がる。両岸の花火は異なる特徴をもつ。

静かに情景を描く**湖・滝**

鳥取県◆湯梨浜町

東郷湖
とうごうこ

仕掛け網が生む
ノスタルジックな景観

日 本海につながる汽水湖で、中央付近の湖底から温泉が湧く珍しい湖。湖岸の小屋でエビや小ブナなどをとる仕掛け「四ツ手網」が伝わる。

岡山県◆鏡野町

岩井滝
いわいだき

清流が流れ落ちる
小さな裏見の滝

高 さ約10m、幅約6mで、滝の上部に岩盤が突き出ており、滝の裏側へ回り込めるようになっている。滝の裏側からは森の中が見回せる。

島根県◆雲南市

龍頭が滝
りゅうずがだき

しぶきを上げ落ちる
中国地方随一の名瀑

大 杉の並木を抜けると現れる滝。落差約40mの雄滝と約30mの雌滝からなる。雄滝の裏には洞窟があり、滝観音が祀られている。

山口県◆下関市

一の俣桜公園
いちのまたさくらこうえん

水面に反射して映る
鯉が泳ぐ水没林

立 ち枯れした檜が残る池は公園内の砂防ダムで、通称「蒼霧鯉池」。水辺を泳ぐ鯉は、公園を整備した地元の人々によって放たれた。

中国

島根県◆松江市

宍道湖夕日
スポット(とるぱ)
しんじこゆうひすぽっと(とるぱ)

静かな水面に
沈む夕日を見る

夕 日スポットとして有名な宍道湖の夕日を見るため整備された場所。宍道湖にぽっかり浮かぶ嫁ヶ島や、袖師地蔵のシルエットが幻想的。

手を伸ばしたくなるまばゆい**夜景**

鳥取県◆鳥取市

さじアストロ
パーク

さじあすとろぱーく

満天の星を
楽しむための場所

星が見えやすい「星取県」こと鳥取県のなかでも、随一の星空の美しさを誇る。国内有数の大きさの反射望遠鏡がある天文台で、宿泊施設も備える。

鳥取県◆伯耆町

大山まきば
みるくの里

だいせんまきばみるくのさと

遮るもののない
高原一面の星空

大山中腹にあるレジャー施設で、夜は星空の観賞スポットとして有名。大山の山容と高原、星空など360度楽しめる景色の調和が見事。

周南
コンビナート

しゅうなんこんびなーと

水辺に青白く光る
煙突そびえる工場群

全 国有数の石油化学コンビ
ナート。晴海親水公園を
はじめコンビナートを取り囲
む島の上からなど、さまざま
な場所に展望スポットが存在。

岡山県◆倉敷市

水島展望台

みずしまてんぼうだい

眼下に一望する
工場夜景のパノラマ

鷲 羽山スカイラインの途中
にある、水島港を望む展
望台。あちこちから煙があが
る、夜も眠らない水島コンビ
ナートを望むことができる。

自然が生んだ多彩な造形 山と渓谷

広島県◆三次市

霧の海展望台
きりのうみてんぼうだい

朝日に照らされる
市街地を包む霧の海

三次市街から車で約20分の高谷山から見られる雲海。市内を流れる3本の川の川霧と三次盆地が生む風景は、10〜3月の明け方が見頃。

鳥取県◆伯耆町ほか

大山
だいせん

伯耆富士と名高い
中国地方の最高峰

標高1729mで、明治時代までは山岳仏教の霊場として入山が禁止された。西側から見るとなだらかな裾野で、富士山のような山容を描く。

山口県◆周防大島町

嵩山
山頂展望台
だけさんさんちょうてんぼうだい

多島美をバックに
人気の撮影スポット

周 防大島にある山で、標高は約618m。山頂からは瀬戸内海が見渡せる。TAKE OFFの文字が書かれた場所が撮影ポイントとして人気。

島根県◆出雲市

立久恵峡
たちくえきょう

季節ごとに変化する
水墨画のような風景

神 戸川の浸食でできた渓谷。高さ100〜200mの奇岩や石柱に、木々の緑がからむ。特に秋の紅葉、冬の雪化粧の美しさは評判高い。

中国

広島県◆東城町ほか

帝釈峡
たいしゃくきょう

みどころが点在
奇勝奇岩の渓谷

帝 釈川を中心に広がる、全長約18kmに及ぶカルスト地形の峡谷。上流の上帝釈エリアには、天然の石灰岩でできた大橋「雄橋」がある。

色鮮やかな紅葉のパレット

島根県◆奥出雲町

奥出雲
おろちループ

おくいずもおろちるーぷ

色づいた山の中を
らせんに駆け抜ける

島根県と広島県をつなぐ国道314号にある、区間標高差105mの二重ループ。10月下旬〜11月中旬には、道路を取り囲む山々が色づく。

岡山県◆真庭市

神庭の滝

かんばのたき

渓谷林の中に浮かぶ
豪快に流れ落ちる滝

上部に落差の小さい滝が点在する段瀑で、その高さは約110m、幅は約20m。11月ごろになると渓谷の木々が紅葉し、滝の周りを彩る。

岡山県◆鏡野町

奥津渓

おくつけい

渓流に沿って続く
贅沢な紅葉の並木道

1000m級の山々に囲まれ、岩石に穴が開く甌穴群でも知られる。艶やかな紅葉と清流の渓谷美が楽しめるのは、10月中旬～11月上旬ごろ。

山口県◆山口市

瑠璃光寺
五重塔

るりこうじごじゅうのとう

大内文化の傑作に
彩りを添える

室町時代の山口を中心に栄えた大内文化を代表する建築。檜皮葺きの反り屋根のすっきりとした姿が特徴的。紅葉は11月中旬～下旬。

鳥取県◆江府町

鍵掛峠展望台

かぎかけとうげてんぼうだい

紅葉の向こうに山嶺
大山屈指の絶景

大山の南側、険しい山肌が見える景色を望める展望台。10月末～11月中旬にかけて、大山の手前にブナ林と紅葉の絨毯が広がる。

外国人たちのディスカバージャパン

下駄のかしましい音が、橋の上で段々大きくなってゆく。
その大橋川の下駄の音は、一度聞いたら忘れることができない。
大舞踏会のようで、テンポの速い陽気な音楽に聞こえる。

ラフカディオ・ハーン『日本の面影』
池田雅之訳

ラフカディオ・ハーンが見た松江

ハーンの創作活動に影響を与えた水都・松江での何気ない日常生活

　ラフカディオ・ハーンは『古事記』の神話世界に惹かれ、明治23年（1890）に39歳で来日した。日本に暮らし、伝承や風俗文化にふれ、代表作『怪談』などの怪奇小説や紀行文、随筆を数多く執筆。日本の文化や精神世界の魅力を世界に紹介した。のちに帰化して小泉八雲を名乗り生涯を日本で閉じる。

　松江では来日の年から1年3カ月を過ごしている。宍道湖の景勝に恵まれ、城下町風情の残る街を愛し、神話の舞台である出雲大社や各地の伝承地を巡り歩いた。妻の小泉セツと出会ったのも松江で、彼女の語る出雲の民話や幽霊談も小説の貴重な題材となっている。松江で最初に滞在した旅館で毎朝耳にしたのが、松江大橋を往来する人々のカラコロという下駄の音。日常の音色に魅了され、日本愛をより深めていった。

ラフカディオ・ハーン
Patrick Lafcadio Hearn　1850-1904
ギリシャ西部のレフカダ島で生まれ、世界各地を転々とした。アメリカのジャーナリスト時代に日本文化に興味を抱き来日。松江で尋常中学校の英語教師を務めて暮らし、のちに熊本、神戸、東京と移転して54歳で永眠。東京・雑司が谷の墓地に眠る。

松江大橋 （島根県◆松江市）
まつえおおはし

大橋川に架かる橋。慶長13年（1608）に松江初代藩主・堀尾吉晴が最初に造営。現在の橋は昭和12年（1937）建造。橋の展望所から宍道湖や街を望む。

四国

独自の風土を育む、清らかでおおらかな大自然

四国 しこく

四方を海に囲まれ、内陸には険しい山々がそびえる。その地形から古来より往来は少なく、各地域には特色ある文化や歴史が根付いた。空海ゆかりの遍路道も有名。

瀬戸大橋を有する四国の玄関口

香川県 かがわ

県庁所在地 高松市　**政令指定都市** なし
面積 1876km²(全国47位)　**人口** 約97万人(全国39位)

讃岐半島と瀬戸内海の島々からなる、全国で最も面積が小さい県。京阪神エリアに近く、四国の玄関口として、また四国最大のビジネスの拠点として賑わう。気候は温暖で雨が少なく、小豆島ではオリーブ栽培が、三豊市ではレモン栽培が盛ん。

主な絶景 地中海を思わせる穏やかな瀬戸内海沿岸に絶景スポットが点在。日本最古の芝居小屋や石垣の名城として知られる丸亀城、高松藩主の別邸であった名庭園など、歴史的な観光名所もある。

小豆島にあるエンジェルロード　　瀬戸内の多島美を望む紫雲出山

豊かな文化財と特産品の数々

愛媛県 えひめ

県庁所在地 松山市　**政令指定都市** なし
面積 5676km²(全国26位)　**人口** 約138万人(全国28位)

瀬戸内海と宇和海、2つの海に面し、南側には西日本一高い石鎚山がそびえる。城や古い街並み、日本最古級の温泉など豊富な文化財を誇り、宇和島の真珠や今治のタオルなど特産品も名高い。正岡子規の故郷であり、俳句王国としても知られる。

主な絶景 沿岸には穏やかな海を眺める公園や駅があり、絶好の撮影スポットになっている。松山城や大洲城といった歴史を偲ぶ名所も多い。山地側の四国カルストには、高原の壮大な風景が広がっている。

伊予灘を眺めるのどかな下灘駅

京阪神とつながりの深い街

徳島県 とくしま

県庁所在地 徳島市　**政令指定都市** なし
面積 4146km²(全国36位)　**人口** 約75万人(全国44位)

四国東部に位置し、古くから淡路や京阪神との関係が深く、江戸時代には阿波商人が全国で活躍した。山地の多い県土は、四国山地を境に温暖な北部と多雨な南部に区分される。徳島市阿波おどりは、約400年続く四国を代表する伝統芸能。

主な絶景 西部は奥深い山岳地帯で、西日本で2番目に高い剣山のほか、大歩危・小歩危・祖谷渓といった秘境がある。播磨灘と紀伊水道を結ぶ鳴門海峡では、迫力満点のうず潮を見学することができる。

大潮時に最大となる鳴門のうず潮

森と海に恵まれた自由民権の地

高知県 こうち

県庁所在地 高知市　**政令指定都市** なし
面積 7103km²(全国18位)　**人口** 約72万人(全国45位)

太平洋に面し扇のように突き出した、東西に長い県土が特徴。森林率、年間降水量が日本随一で、山々から清流が海に注ぐ。幕末の志士をはじめ、物理学者の寺田寅彦、思想家の中江兆民、植物学者の牧野富太郎など多くの偉人を輩出している。

主な絶景 急峻な山岳と大海原に囲まれており、仁淀川や四万十川、室戸岬や足摺岬、柏島といった手つかずの自然が各地にあり、雄大な自然の営みを感じさせる。高知城は本丸と天守が現存する唯一の城。

踊り子たちの熱気が満ちるよさこい祭りは、土佐の夏の風物詩

四国 ◆ 絶景インデックス **55** スポット

小豆島 ①
伯方島
大島

香川県

愛媛県

高知県

徳島県

四国

瀬戸内海の大島にある隈研吾氏設計の亀老山展望台から、来島海峡大橋を望む

379

爽やかな風香る広大な**海**

柏島
かしわじま

足 摺宇和海国立公園に含ま
れる小島で、本島とは2
本の橋で結ばれている。海水
は船が宙に浮いて見えるほど
の透明度を誇る。

一度は泳いでみたい
透明度抜群の海

鳴門のうず潮

なるとのうずしお

轟音とともに渦巻く
自然の海上ショー

瀬戸内海と紀伊水道の海流がぶつかり出現する。直径約20m、潮流時速20kmほどになることもあり、世界最大級の規模を誇る。

亀老山
展望公園

きろうさんてんぼうこうえん

標高307.8m
瀬戸内海の多島美

亀 老山山頂にあり、瀬戸内海に架かる来島海峡大橋が一望できる。美しい夕日や夜景、晴れた日には西日本最高峰の石鎚山も見晴らせる。

桂浜

かつらはま

白砂青松が魅せる
日本の原風景

竜 頭岬と竜王岬の間で弧を描くように広がる海岸。「月の名所は桂浜」とよさこい節にうたわれ、また坂本龍馬像でも有名。

下灘駅

しもなだえき

時が止まったような
青い海と静かな駅舎

ホ ームから広い海を見下ろせる無人駅。ドラマやCMなどでも登場する有名スポットで、海を背景に駅舎を撮影する人は後を立たない。

四国

水床湾
みとこわん

風光明媚な海岸線
カヤックで周遊もOK

徳島と高知の県境に位置するリアス海岸。沖に浮かぶカゴリ島、ウバ島、ウバエ島などさまざまな島々とともにすばらしい景観が広がる。

足摺岬
あしずりみさき

視界270度の
ダイナミックビュー

水平線がアーチ状に見え、地球の丸さを実感する景勝地。高さ80mに及ぶ断崖絶壁から、雄大な太平洋の景色が一望できる。

エンジェルロード 香川県◆土庄町

えんじぇるろーど

干 潮時に現れる小豆島と中余島を結ぶ砂州。大切な人と手をつないで渡ると願いが叶うという言い伝えがある。

だるま夕日 高知県◆宿毛市

だるまゆうひ

冷 たい大気と黒潮の水蒸気の境目に光が反射することで、2つの太陽がだるまのように重なって見える現象。

高知県◆室戸市

室戸岬

むろとみさき

珍しい地形と海から地球の息吹を感じる

四 国東南端の太平洋に突き出すＶ字の岬。白亜の灯台は室戸岬のシンボル。青年だった弘法大師が修行したと伝わる御厨人窟がある。

四国

雄姿と眺めに美を宿す山

愛媛県◆西条市ほか

石鎚山
いしづちさん

最高峰の天狗岳、弥山、南尖峰の3峰からなり、古来より神聖な山とされた。石鎚神社の社が置かれた弥山の頂から見る天狗岳は壮観。

神々しさを感じる
西日本最高峰

竜ヶ岳 （徳島県◆三好市）
りゅうがたけ

腕 山の南西に、高さ400ｍに及ぶ大規模な断崖が広がる。特に赤や黄色の紅葉に染まる秋の景色は見事。

UFOライン （高知県◆いの町ほか）
ゆーふぉーらいん

右 鎚山脈の尾根に沿って27㎞続く林道。周囲を遮るものがなく、空を駆けているようなドライブが楽しめる。

香川県◆小豆島町

寒霞渓
かんかけい

瀬戸内海を背景に渓谷美が広がる

小 豆島の最高峰・星ヶ城山と四方指の間に広がる渓谷で、日本三大渓谷美に数えられる。折々の自然に飾られた岩と、海の対比が美しい。

四国

徳島県◆三好市

落合集落

おちあいしゅうらく

急な山肌を切り開き
造られた秘境の村

高 低差約390mの急斜面
に石垣を設け形成する。
古くは江戸中期に造られたと
いう古民家と畑の間を縫うよ
うに、つづら折れの道が結ぶ。

香川県◆観音寺市

高屋神社

たかやじんじゃ

市街地と瀬戸内海の
大パノラマが広がる

標 高404mの稲積山の頂
上にあり、その眺望から
「天空の鳥居」として知られる。
山頂に駐車場があるが、270
段の急な石段を上るのも一興。

剣山

つるぎさん

ゆるやかな山並みを
ハイキング

標 高1955mと西日本2位の高さ。傾斜がゆるく、リフトもあるため、ハイキングが楽しめる。かつて修行に使われた上級者用のコースも。

香川県◆三豊市

紫雲出山

しうでやま

満開の桜越しに見る
穏やかな多島海

浦 島太郎の伝説の残る荘内半島にある。頂上の展望台では瀬戸内の多島海を一望でき、桜やアジサイなど折々の美しさに出合える。

四国

徳島県◆上勝町

山犬嶽

やまいぬだけ

急峻な山の中腹に
広がる深緑の世界

一 面を緑が覆う水苔の一大群生地が人気を呼んでいる。苔の緑が濃くなるのは梅雨から初夏の時期だが、落葉原生林が紅葉する秋も美しい。

Ground

大地に描かれた自然の造形美

(愛媛県◆久万高原町ほか)

四国カルスト
しこくかるすと

白い岩が立つ草原に
牛たちが遊ぶ

カルスト特有の白い石灰岩が露出した草原に、放牧されている牛たちがのどかさを与える。標高が高く、澄んだ空気と眺望の良さも魅力。

(高知県◆香美市)

龍河洞
りゅうがどう

天然記念物の鍾乳洞
多彩な楽しみ

延長約4kmの鍾乳洞。通常のコースと、はって進んだり、はしごを登ったり冒険気分が味わえるコース(要予約)がある。

阿波の土柱 （徳島県◆阿波市）
あわのどちゅう

大 小の土の柱やひだが独特の光景を形成している。もとは吉野川の川底だった場所が、地上に露出し浸食された珍しい地形。

室戸ジオパーク （高知県◆室戸市）
むろとじおぱーく

地 殻変動による隆起が続いている場所。褶曲した地層や海底の生物の化石などに、地球のダイナミズムを見ることができる。

高知県◆安芸市

伊尾木洞
いおきどう

ファンタジーのような緑の世界へと続く

水 が流れる洞窟を進むと、シダに覆われた神秘的な世界が現れる。もとは波の浸食でできた海食洞で、長い時と偶然により今の姿となった。

四国

往時の栄華が宿る荘厳な**城**

築城の名手・加藤嘉明が
築いた難攻不落の防衛

愛媛県◆松山市
松山城
まつやまじょう

標 高132mの勝山にそび
え立つ連郭式平山城。現
在の天守は安政元年(1854)
に再建落成されたもの。城内
に21棟もの重要文化財を有
す。

大洲城 愛媛県◆大洲市

おおずじょう

(伝) 統工法によって藩政時代の姿に復元された天守は、江戸時代の木組模型や明治時代の古写真などの資料をもとに再現された。

丸亀城 香川県◆丸亀市

まるがめじょう

(慶) 長2年(1597)、標高66mの亀山を利用して築城。白亜の天守は現存十二城のひとつで、最上階からは瀬戸大橋が一望できる。

高知県◆高知市

高知城

こうちじょう

400年の歴史をもつ南海の名城

(土) 佐藩初代藩主の山内一豊が慶長6年(1601)に築城。日本で唯一、天守だけでなく本丸全体の建造物がほぼ完全に現存する。

Flower

幸福感に包まれる**花**の楽園

西川花公園
にしがわはなこうえん

春の訪れとともに、現れる桃源郷

里 山の休耕地を再利用し、地元の住民が花を育てている。桜や桃、菜の花が一面に咲き誇り、鮮やかな春の色が目前に広がる。

徳島県◆佐那河内村

大川原高原
おおかわらこうげん

酸性の土壌で育つ澄みきった青の花々

標 高900mの地点に咲く約3万本のアジサイ。村の事業の一環として行われた植樹で、6月末の開花から7月末にかけて見頃を迎える。

394

開山公園
ひらきやまこうえん

海と桜の共演に
目を奪われる

ソ メイヨシノをはじめ、約1000本の桜が一帯に咲き、山頂は淡いピンク色に染まる。山頂展望台からはしまなみ海道が一望できる。

高開の石積み
たかがいのいしづみ

高彩度のシバザクラ
が石垣を装飾する

約 400年前から受け継がれてきた歴史的な景観。高さ150m、幅300mにわたる急勾配の山肌に石垣が連なり、4月はシバザクラで彩られる。

四国

船窪つつじ公園
ふなくぼつつじこうえん

燃えるように赤い
オンツツジの名所

高 越山山頂付近、標高約1050mの窪地に群生する約1200株のオンツツジ。推定樹齢300年、高さ6mに及ぶものもある。

清冽さに心癒やされる川と滝と霧

神秘の淵で出合う
澄みきった仁淀ブルー

高知県◆いの町

にこ淵

にこぶち

「仁淀ブルー」の言葉とともに、その美しさを称えられる仁淀川。滝壺の底まで透き通った淵に木洩れ日が差し幻想的な姿を見せる。

高知県◆四万十市ほか

四万十川

しまんとがわ

緑深き山々を流れる
四国最長の河川

周 囲の自然がよく保たれ、「最後の清流」と名高い。欄干がなく氾濫時には水面下に沈む沈下橋は、川と関わりながら生活する地域の象徴。

徳島県◆三好市

吉野川 八合霧

よしのがわ はちごうぎり

一面の雲の海
点々と顔を出す山頂

大 歩危峡の春夏の風物詩。川で発生した霧が山の八合目近くまで上昇し、谷は霧に包まれる。夜明けとともに霧は消え、渓谷美が姿を現す。

大釜の滝 （徳島県◆那賀町）
おおがまのたき

豊 富な水量と20mの落差、周囲の断崖は大蛇がすむという伝承も納得の迫力。展望台から見る紅葉や新緑越しの姿は特に見事。

大歩危・小歩危 （徳島県◆三好市）
おおぼけ・こぼけ

吉 野川の激流による浸食で形成された荒々しい岩肌の断崖が約8km続く。遊覧船やラフティングで、間近で渓谷美が堪能できる。

愛媛県◆久万高原町

面河渓
おもごけい

透き通った水を
豊かな自然が彩る

石 槌山麓に広がる渓谷で、水の美しさで知られる仁淀川の上流にあたる。五色河原、亀腹など、多様な地形の名所が見られる。紅葉も見事。

四国

心を潤す**アート**と**建築**

高知県◆北川村

北川村「モネの庭」マルモッタン

きたがわむら「もねのにわ」まるもったん

モネの理想の庭 絵画の世界を歩く

印象派を代表する画家、クロード・モネが描き続けた自宅の庭を再現。モネの夢だった青い睡蓮が6月下旬〜10月まで見事に咲く。

愛媛県◆松山市

道後温泉本館

どうごおんせんほんかん

125年を超える歴史 国の重要文化財

道後温泉のシンボルであり現在も営業している公衆浴場。幾度もの増改築を行ったことで、外観にはさまざまな時代の建築様式が見られる。

後世に残したい西洋絵画が一堂に会する

徳島県◆鳴門市

大塚国際美術館

おおつかこくさいびじゅつかん

古代壁画から現代絵画まで、西洋名画1000余点を陶板で原寸大に再現。地下3階から地上2階の展示スペースは国内最大級を誇る。

写真は大塚国際美術館の展示作品を撮影したものです

香川県◆琴平町

旧金毘羅
大芝居

きゅうこんぴらおおしばい

現存する日本最古の
芝居小屋

天保6年（1835）に建築され、金丸座の名称で知られる。人力で動く舞台機構や桟敷席があり、江戸時代の歌舞伎を現代に伝える。

高知県◆梼原町

雲の上の
図書館

くものうえのとしょかん

梼原の森をイメージ
憩いと交流の場

隈研吾氏の設計。町産木材を多く使用し、杉を圧密してできた木の床や、日光がふんだんに入る窓はぬくもりがある。蔵書も魅力。

Tシャツアート展
てぃーしゃつあーとてん

1000枚ものTシャツがひらひらとはためく

美しい砂浜が美術館」のテーマのもと、全国公募のデザインをTシャツにプリントし砂浜に展示する。毎年ゴールデンウィークに開催。

©Sunabi Museum

特別名勝
栗林公園
とくべつめいしょう りつりんこうえん

一歩一景の
優雅な大名庭園

高松藩主が100年以上かけて造った名庭。約75haもの広大な敷地を有し、特別名勝の庭園では国内最大の広さを誇る。

四国

銭形砂絵
ぜにがたすなえ

有明浜に現れる
巨大パワースポット

江戸時代の貨幣・寛永通宝を白砂でかたどった巨大な砂絵。一度見れば「健康で長生き、お金に不自由しない」との言い伝えがある。

日本を代表する灼熱の**祭り**

愛媛県◆西条市

西条まつり

さいじょうまつり

江戸時代から続く
豪華絢爛まつり絵巻

水 の都・西条が最も熱くなる秋祭り。だんじり、御輿、太鼓台が市内を練り歩き、クライマックスでは名残を惜しみ川の中で競り合う。

高知県◆高知市

よさこい祭り

よさこいまつり

鳴子が鳴り響く
南国土佐の風物詩

全 国から約200チームが集い、4日間にわたって行われる。色鮮やかな衣装を身にまとった踊り子たちが演舞を繰り広げる。

徳島県◆徳島市

阿波おどり
あわおどり

同じ阿呆なら
踊らにゃソンソン

400年以上の歴史をもつ徳島発祥の盆踊り。女性は笠、男性は手ぬぐいを頭に被り、「連」とよばれるグループ単位で踊る。

愛媛県◆新居浜市

新居浜太鼓祭り
にいはまたいこまつり

男衆の情熱が
勇壮華麗な祭り

喧嘩祭りとしても有名。複数の太鼓台を1カ所に集めタイヤを外し、かき夫とよばれる男衆の力で動かす「かきくらべ」は圧巻。

四国

同行二人。空海と歩く**四国遍路**

愛媛県◆西条市

横峰寺
よこみねじ

西 日本最高峰・石鎚山系中腹にあり、愛媛で最も難所にあるといわれる。奥の院・星ヶ森（写真）は、弘法大師が星供養を行ったと伝わる。

空海に思いを馳せて、石鎚山遥拝所・星ヶ森に立つ

竹林寺

ちくりんじ

行基が開創した
土佐きっての名刹

五台山山頂に広がる境内は
美しい緑に包まれ、紅葉
の名所としても知られる。五
重塔は昭和55年(1980)に再
建されたもの。

高知県◆四万十町

岩本寺

いわもとじ

お遍路さんを癒やす
ユニークな天井画

昭和53年(1978)建立の
本堂には画家や一般市民
が描いた575枚の天井絵が配
されている。花鳥風月に交ざ
りマリリン・モンローなども。

徳島県◆鳴門市

霊山寺

りょうぜんじ

「一番さん」とも
よばれる第一番札所

多くのお遍路さんがまず最
初に訪れる第一番札所。
釈迦如来を祀る本堂の天井に
描かれた龍や、数多くの吊り
灯籠など、みどころも多い。

四国

COLUMN

外国人たちのディスカバージャパン

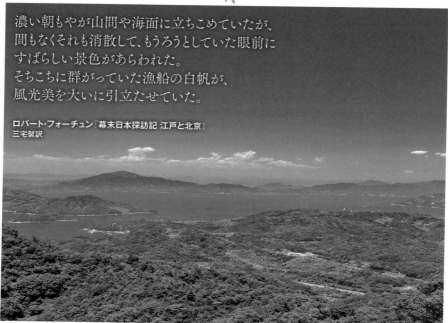

濃い朝もやが山間や海面に立ちこめていたが、
間もなくそれも消散して、もうろうとしていた眼前に
すばらしい景色があらわれた。
そちこちに群がっていた漁船の白帆が、
風光美を大いに引立たせていた。

ロバート・フォーチュン『幕末日本探訪記 江戸と北京』
三宅馨訳

ロバート・フォーチュンが見た瀬戸内海

船上から望む幕末の瀬戸内沿岸で風光明媚な海景に魅了される

　英国人のロバート・フォーチュンは、プラント・ハンター（植物収集の専門家）として幕末の万延元年（1860）に来日した。江戸を中心に植木市や農家、寺院などを巡って日本の植物の種子や苗を採集した。各地を訪ねるなかでフォーチュンは、西欧で王侯貴族の趣味である園芸文化が日本で庶民にまで浸透しているのに驚き、庶民の文化水準の高さを感じたという。

　来日から2カ月後、フォーチュンは収集の成果を船に積み込んで横浜から帰国の途に着く。帰国船が瀬戸内海に入ったとき、朝もやの向こうに風光明媚な沿岸風景が広がった。来日の記録『幕末日本探訪記 江戸と北京』にそのときの感動が綴られている。穏やかな海に浮かぶ島々や漁船、海に迫る山々、点在する漁村と、瀬戸内の風景を心に刻み日本を後にした。

ロバート・フォーチュン
Robert Fortune　1812-1880

イギリス・スコットランド出身の園芸学者でプラント・ハンター。中国の茶の木をインドに移植して大規模栽培に成功し、イギリスに紅茶文化をもたらした。日本の豊富な植物を採集するため、開国間もない時期に47歳で来日し、翌年も訪れている。

亀老山展望公園
きろうさんてんぼうこうえん

（愛媛県◆今治市）

瀬戸内海に浮かぶ大島の南端にある、しまなみ海道有数の展望スポット。来島海峡と3連吊り橋の来島海峡大橋を一望できる。展望台は建築家・隈研吾の設計。

九州

複雑な地形が生んだバラエティ豊かな絶景が揃う

九州 きゅうしゅう

本州とは全く異なる風土をもつ、個性豊かな7県の魅力が詰まった九州地方。海や山、豊かな自然が織りなす美しい風景に、歴史や神話がさらに鮮やかな印象を残す。

平均80mの断崖が約7kmにわたって続く壮大な高千穂峡

最多の人口を誇る九州の拠点

福岡県 ふくおか

県庁所在地	福岡市	政令指定都市	北九州市、福岡市

面積 4986km²(全国29位)　**人口** 約510万人(全国9位)

九州の政治と経済の中核をなす中心都市で、人口も九州で最多。北は玄界灘と響灘、東は周防灘、南西は有明海に臨み、本州との間に関門海峡が横たわる。県の中心部を筑紫山地が連なっており、玄界灘には世界遺産である沖ノ島が浮かぶ。

主な絶景 北九州市を中心とする北部にはレトロな門司港駅や皿倉山からの夜景など都会的な絶景スポットが点在する。一方、南部には柳川の川下りや八女中央大茶園などのどかな風景が広がる。南蔵院や櫻井神社など、荘厳な雰囲気が漂う歴史ある寺社も見逃せない。

めかり公園から望む夜景

藤の花のトンネルがある河内藤園

のどかな田園風景が広がる

佐賀県 さが

県庁所在地	佐賀市	政令指定都市	なし

面積 2440km²(全国42位)　**人口** 約83万人(全国42位)

九州の北西部に位置し、人口・面積ともに九州では最も少ない。玄界灘と有明海という特徴的な2つの海に囲まれ、北には脊振山脈が連なり、南には広大な佐賀平野が広がる。伊万里・有田焼、唐津焼など世界的に有名な陶磁器の産地でもある。

主な絶景 豊かな自然を有する佐賀には、浜野浦の棚田を筆頭に、潮の干満が幻想的な景色を生み出す大魚神社など、自然が魅せる絶景スポットが点在。有田ポーセリンパークなどユニークなスポットにも注目。

神秘的な大魚神社の海中鳥居

異国情緒にあふれた港湾都市

長崎県 ながさき

県庁所在地	長崎市	政令指定都市	なし

面積 4130km²(全国37位)　**人口** 約137万人(全国29位)

面積の45%が壱岐、対馬、五島などの島々で占められており、971島をもつ日本一の島所有県。リアス海岸の入り組んだ地形をもち、優れた港を多く有する。また、陸地はすり鉢状になっており、坂が多いことから独特の景観が生まれている。

主な絶景 長崎を代表する景観といえば、異国情緒あふれる美しい街並み。大浦天主堂やグラバー園など見ごたえのある西洋建築が軒を連ねる。いくつもの島が織りなす九十九島も多島県ならではの絶景。

居留地時代の貴重な建築と美しい庭園を鑑賞できるグラバー園

雄大な阿蘇の恵みを体感できる

熊本県 くまもと

県庁所在地 熊本市　**政令指定都市** 熊本市
面積 7409km²（全国15位）　**人口** 約178万人（全国23位）

九州の中央部に位置し、変化に富んだ地形から、さまざまな景観を楽しめる。東部には世界有数のカルデラを誇る阿蘇山や九州山地が連なり、西部には大小120余の島々からなる天草地方が広がる。中央の平野部に熊本城を有する熊本市がある。

主な絶景　阿蘇地方随一のビュースポットといえば、阿蘇五岳やくじゅう連峰が一望できる大観峰。雄大な草千里ヶ浜も必見だ。天草地方には歴史ある教会が多く、隠れキリシタンの里ならではの景観が残る。

中岳を背景に放牧された馬がのんびりと草を食む草千里ヶ浜

いくつもの良質な温泉を有する

大分県 おおいた

県庁所在地 大分市　**政令指定都市** なし
面積 6340km²（全国22位）　**人口** 約116万人（全国33位）

九州の北東部に位置し、瀬戸内海と接する。県土の約7割が林野で占められる緑豊かな県で、くじゅう山群をはじめ由布・鶴見、祖母・傾の山々が連なる。また、多くの温泉を有することでも知られ、源泉数・湧出量ともに日本一を誇る。

主な絶景　別府の湯けむり展望台や自然湧出の源泉「地獄」など、湯どころならではの景観に出合える。また、標高1700m級の山々が連なるくじゅう連山では、高山植物や紅葉など四季折々の絶景が楽しめる。

鶴見岳の爆発によって生まれたコバルトブルーの海地獄

豊かな自然と神話が息づく

宮崎県 みやざき

県庁所在地 宮崎市　**政令指定都市** なし
面積 7735km²（全国14位）　**人口** 約110万人（全国36位）

九州南東部に位置し、東側は400kmもの海岸線で太平洋に接している。九州山地が連なる山あいの西部と海岸線が続く東部では景観が大きく異なり、日南市を中心とする南部には南国情緒あふれるリゾート地が広がる。

主な絶景　山岳部には県随一の景勝地である高千穂峡や天安河原など、神話や伝承に彩られた神秘的なスポットが点在。一方の海岸沿いにも絶景スポットは多く、願いが叶うクルスの海などが話題を集めている。

八百万の神の神話が残る天安河原

ありのままの自然の宝庫

鹿児島県 かごしま

県庁所在地 鹿児島市　**政令指定都市** なし
面積 9187km²（全国10位）　**人口** 約164万人（全国24位）

九州の最南部に位置し、九州では一番の面積を誇る。主に本土とよばれる薩摩・大隅地方と、離島とよばれる薩南諸島（種子島・屋久島地方と奄美地方）に大別され、大隅半島と薩摩半島の間にある鹿児島湾には火山島・桜島がそびえる。

主な絶景　世界遺産である屋久島には手つかずの自然が残され、樹齢数千年という屋久杉や苔むす森など絶景スポットが集まる。ほかにも奄美群島や与論島などの離島を中心に自然に癒やされるスポットが満載。

干潮時に現れる与論島の百合ヶ浜

九州の世界遺産

- ● **長崎と天草地方の潜伏キリシタン関連遺産**
  【長崎県、熊本県】→P420・421
- ● **「神宿る島」宗像・沖ノ島と関連遺産群**
  【福岡県】→P428
- ● **明治日本の産業革命遺産 製鉄・製鋼、造船、石炭産業**
  【福岡県、佐賀県、長崎県、熊本県、鹿児島県】→P432
- ● **屋久島**【鹿児島県】→P442～445

九州

九州 ◆ 絶景インデックス ⟨87⟩ スポット

日本の近代化を支えた軍艦島（端島）

夕日に輝く浜野浦の棚田

屋久島の森に息づく縄文杉。確認されている屋久杉のなかでも最大級の老大木として知られる

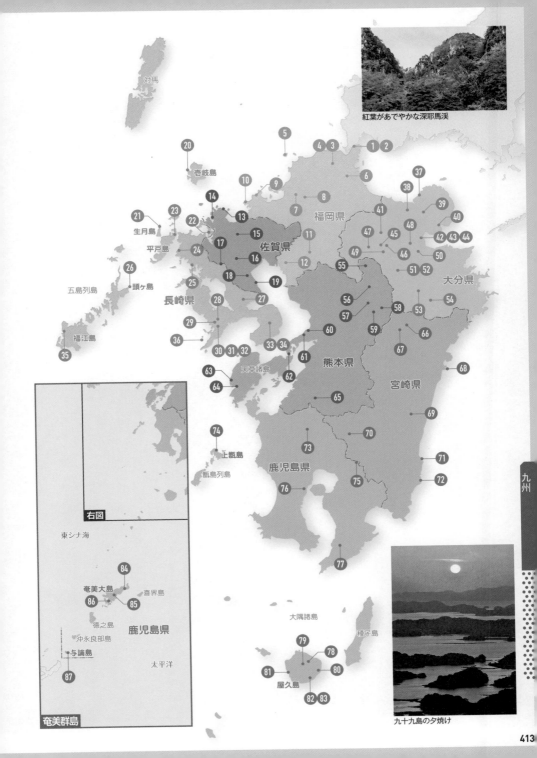

対馬

紅葉があでやかな深耶馬渓

20 壱岐島

5

4 3 1 2

6 37

10 38

9 39

14 7 41 48 40

23 13 福岡県 47 45 42 43 44

21 22 8 46

生月島 15 佐賀県 11 49 50

平戸島 17 12 55 51 52

24 16 大分県

26 18 19 56 58 53 54

頭ヶ島 25 27 57 59 66

五島列島 28 60 67

長崎県 29 36 33 34 61 62 熊本県 68

福江島 30 31 32 63 65 69

35 64 天草諸島 宮崎県 70

74 73 71

上甑島 76 75 72

甑島列島 鹿児島県

77

大隅諸島

種子島

東シナ海

84

奄美大島 喜界島

86 85

徳之島

沖永良部島 鹿児島県

与論島 太平洋

87

右図

奄美群島

79

78

81 80

屋久島

82 83

九十九島の夕焼け

九州

413

神秘的な水の流れに
自然の力強さを体感

宮崎県◆高千穂町

高千穂峡
たかちほきょう

五 「五ヶ瀬川峡谷」として国の
名勝・天然記念物に指定
された峡谷。峡谷内には、日
本の滝百選に指定されている
真名井の滝がある。

鹿児島県◆伊佐市

曾木の滝

そぎのたき

滝 幅210m、高さ12mの壮大な滝は「東洋のナイアガラ」ともよばれている。夏が近づくほど水量が増し、水の流れも勢いを増す。

岩肌を削るように
轟音をたてて流れ落ちる滝

龍門の滝 （大分県◆九重町）
りゅうもんのたき

筑 紫溶岩台地が削られてできた2段落としの滝。上段の滝は高さ20m、幅40m、滝つぼから流れる下段はなだらかで滑りやすい。

見帰りの滝 （佐賀県◆唐津市）
みかえりのたき

日 本の滝百選にも選ばれた滝で、男滝と女滝からなる。夏には周囲に咲く約50種4万株のアジサイとの共演を楽しめる。

（大分県◆日田市ほか）

慈恩の滝
じおんのたき

**水しぶきが舞い散る
2段落としの裏側へ**

万 年山から流れる山浦川の最も下流にある、高さ30mで2段落としの滝。「裏見の滝」ともよばれ、滝を裏側からも見ることができる。

九州

雄川の滝

おがわのたき

エメラルドグリーンの
滝つぼが神秘的

落差46m、幅60mの滝。駐車場から長い遊歩道が続き、上から見下ろせる展望所までのルートと、滝のそばまで行けるルートがある。

熊本県◆小国町

鍋ヶ滝公園

なべがたきこうえん

多彩な表情を見せる
水のカーテン

落差は約10mだが、幅は20mもある幅の広い滝。春にはライトアップされた幻想的な姿、冬には滝の一部が凍り、巨大なつららをつけた姿も見られる。

原尻の滝

はらじりのたき

のどかな田園風景に突然現れる滝景色

日本の滝100選に選ばれ、高さ20m、幅120mある。滝の上には道路が通り、正面には吊り橋もあるのでさまざまな角度から楽しめる。

鹿目の滝　熊本県◆人吉市

かなめのたき

落差約36mの雄滝と、落差約30mの雌滝、ゆるやかな平滝からなる。轟音を立てて垂直に落ちる雄滝は迫力満点。

由布川渓谷　大分県◆由布市ほか

ゆふがわきょうこく

長さ約12kmの峡谷。新緑が美しい夏は水遊びもできる。秋になると紅葉を求めて多くの人が訪れる。

信仰の歴史を物語る**教会**

長崎県◆長崎市

大浦天主堂
おおうらてんしゅどう

殉教二十六聖人に捧げられた教会

元治2年(1865)、開国後の外国人居留地に建造。現存する教会としては国内最古のもので、正式名称は日本二十六聖殉教者天主堂。

浦上天主堂 長崎県◆長崎市
うらかみてんしゅどう

キリシタン弾圧の禁制を解かれた浦上の信徒たちと神父が資金を集め、起工から20年を経て、大正4年(1915)に完成した。

平戸ザビエル記念教会 長崎県◆平戸市
ひらどざびえるきねんきょうかい

大正2年(1913)建設。ザビエル記念像が建てられたことから「聖フランシスコ・ザビエル記念堂」とよばれるようになり、その後、現在の名称に。

﨑津教会

さきつきょうかい

小さな漁村を見守る
海の教会

現在の教会は昭和9年
(1934)に再建。尖塔に
十字架をいただいた重厚なゴ
シック様式の建物だが、室内
は珍しい畳敷きになっている。

大江教会

おおえきょうかい

丘の上に立つ
白亜の建物

キリスト教解禁後、天草で
最も早く造られた教会。
現在の建物はフランス人宣教
師ガルニエ神父が私財を投じ
て建てたもの。

頭ヶ島天主堂

かしらがしまてんしゅどう

「花の御堂」と
石造りの天主堂

ほぼすべての島民がキリシ
タンだったという頭ヶ島。
天主堂は信徒らが切り出した
石を運んで積み上げ、10年を
かけて完成させた。

九州

Sea

刻一刻と表情を変える**海**

ハート形に青く輝く
恋のパワースポット

ハートロック 鹿児島県◆龍郷町

は一とろっく

いくつかの条件が揃ったときにのみ現れる
ハート形の潮だまり。1〜3月にハート
は緑のアオサに囲まれ、表情を変える。

百合ヶ浜

ゆりがはま

エメラルドグリーンに
浮かぶ幻の白い砂浜

春 から夏にかけて、大潮の
干潮の時間帯に姿を現す
ことが多いが、日によって現
れる時間や位置が異なり、波
の影響で現れないことも。

熊本県◆宇土市

長部田海床路

ながべたかいしょうろ

海へと続く
満潮時の幻想的な道

海 岸が遠浅で船を港につけ
られないため、干潮時に
船と港との間を行き来するた
めの道。漁業者専用なので一
般の人は渡ることができない。

九州

423

宮崎県◆日向市

願いが叶う
クルスの海

ねがいがかなうくるすのうみ

波の浸食で現れた
海の十文字

岩肌が十文字に裂けた神秘的な海岸。近くの小さな岩場と合わせると「叶」の字に見えることから、願いが叶うといわれている。

熊本県◆宇土市

御輿来海岸

おこしきかいがん

自然がつくる
彫刻のような曲線美

日本の渚百選や日本の夕陽百選に選ばれている。有明海は干満の差が大きく、条件が合えば芸術的な干潟を見ることができる。

高浜海水浴場

たかはまかいすいよくじょう

透明度に驚く
コバルトブルーの海

快 水浴場百選、日本の渚百
選や日本の水浴場88選
にも選ばれる常に優れた水質
の海水浴場。美しい夕日のス
ポットとしても人気。

大分県◆豊後高田市

真玉海岸

またまかいがん

干潟に映える
オレンジ色の夕日

日 本の夕陽百選に選ばれた
海岸。干潟の夕日は干潮
と日の入が重なる時にしか見
られない。詳しい情報は豊後
高田市公式観光サイトを確認。

九州

鹿児島県◆薩摩川内市

長目の浜

ながめのはま

砂洲を境に広がる
海と神秘的な甑四湖

島 津光久が「眺めの浜」と
よんだことが名前の由来。
展望所からは鍬崎池、貝池、
なまこ池の3つの池と長目の
浜を眺望できる。

鮮烈な印象を残す社寺

大分県◆宇佐市

宇佐神宮
うさじんぐう

深緑の杜に映える
国宝指定の本殿

全　国に約4万余りある八幡
社の総本宮で、多くの参
詣者が訪れる。ご祭神である
八幡大神は実在したとされる
最古の天皇・応神天皇の神霊。

佐賀県◆鹿島市

祐徳稲荷神社
ゆうとくいなりじんじゃ

極 彩色のあでやかな外観が目を引く貞享4年(1687)創建の神社。本殿は地上18mの場所にあり、京都の清水寺より高い。

宮崎県◆日南市

鵜戸神宮
うどじんぐう

石段を下りて向かう珍しい下り宮

日 南海岸国定公園の日向灘に面した洞窟の中に朱塗りの本殿が鎮座する。広々とした洞窟は神秘的な雰囲気で、夏でもひんやりとしている。

九州

福岡県◆篠栗町

南蔵院
なんぞういん

巨大なブロンズ製の
釈迦涅槃像は必見

明治32年(1899)創建の高野山真言宗の別格本山。三尊仏舎利を安置する場所として1995年に建立された釈迦涅槃像が横たわる。

佐賀県◆太良町

大魚神社
おおうおじんじゃ

有明海に浮かぶ
神秘的な海中鳥居

旧の引力が見える町」にある約300年前に創建された神社。引潮時には鳥居の下を歩けるほどになり、時間によって多彩な表情を見せる。

福岡県◆宗像市

宗像大社
沖津宮遙拝所
むなかたたいしゃおきつぐうようはいじょ

神宿る島「沖ノ島」に
最も近づける場所

島そのものがご神体とされる沖ノ島には神職以外渡島できないため、大島にある遙拝所が拝殿の役割を果たす。2017年に世界遺産に登録。

櫻井神社

さくらいじんじゃ

桜井二見ヶ浦を望む
縁を結ぶ荘厳な神社

寛 永9年(1632)に黒田忠
之公が創建。災厄を司る
八十枉津日神などを祀る。縁
結びや厄除けの神様として各
地から信仰を集めている。

上色見
熊野座神社

かみしきみくまのいますじんじゃ

参道に現れる迫力の
大風穴「穿戸岩」

伊 邪那岐命と伊邪那美命、
石君大将軍を祀る四大熊
野座神社のひとつ。阿蘇山の
神・鬼八法師が蹴破ったとさ
れる巨大な大風穴は必見。

九州

青島神社

あおしまじんじゃ

海幸、山幸の神話で
知られる縁結びの社

安 産や航海安全にもご利益
がある海上のパワースポ
ット。恋愛成就アイテムや願
掛けスポットが点在し、人気
を集めている。

清涼感に満ちた水辺の風景

幻想的な森の中で
癒やしのひとときを

福岡県◆篠栗町

篠栗九大の森
ささぐりきゅうだいのもり

手つかずの自然が残る、約17haもの広大な森。中心にある蒲田池の遊歩道にはあずま屋やベンチがあり、自然を感じながら休憩できる。

白川水源

しらかわすいげん

カルデラの恩恵を
受けた名水と出合う

南阿蘇の湧水の代名詞ともいえる水源。水質のよさから、昭和60年（1985）に名水百選に選ばれた。水は自由に持ち帰ることができる。

金鱗湖

きんりんこ

由布院名物の
幻想的な朝霧

温泉を含むために水温が高く、秋から冬にかけての早朝には温度差で池面から霧が立ち上る。由布院の冬の風物詩として親しまれている。

マングローブ
原生林

まんぐろーぶげんせいりん

東洋のガラパゴスで
自然のパワーを体感

国内で2番目の広さを誇るマングローブ原生林。河口域に71ha以上にわたって広がっており、国定公園特別保護地区に指定されている。

九州

431

圧倒的な存在感を放つ**レトロ建築**

長崎県◆長崎市

軍艦島(端島)

ぐんかんじま(はしま)

廃墟と化した 海上の炭鉱都市

海 底炭坑によって栄え、最盛期には約5300人もの人が暮らしていた海上都市。外観が軍艦「土佐」に似ていることから「軍艦島」とよばれるようになった。

有田ポーセリンパーク 佐賀県◆有田町

ありたぽーせりんぱーく

磁 器の町・有田町にある酒と器のテーマパーク。シンボルである宮殿は、ドイツにあるツヴィンガー宮殿を忠実に模したもの。

グラバー園 長崎県◆長崎市

ぐらばーえん

居 留地時代に建築された旧グラバー住宅をはじめ、歴史的な洋風建築が残る。長崎港を一望できるロケーションも見逃せない。

激動の時代を物語る
世界遺産の島

門司港駅 福岡県◆北九州市

もじこうえき

大正3年（1914）開業のネオルネサンス様式の壮麗な駅舎。現在の建物は2019年に復元工事を終えたもの。

旧豊後森機関庫 大分県◆玖珠町

きゅうぶんごもりきかんこ

旧国鉄久大線の機関庫として建てられた。残存する扇型機関庫と転車台には、戦時中に受けた機銃掃射の弾痕が生々しく残る。

四季の訪れを祝福する**花**

頭上に降り注ぐ
可憐な花のシャワー

福岡県◆北九州市
河内藤園
かわちふじえん

広大な敷地に22種類もの
藤の花が咲き、美しい花
房を揺らす。花下面積1000
坪を誇る大藤棚と110m続く
藤の花のトンネルは壮観。

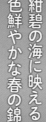

紺碧の海に映える
色鮮やかな春の錦

長串山公園

なぐしやまこうえん

標 高234mの長串山に広がる公園に10万本のツツジが華麗に咲き誇る。北九十九島と平戸島を一望できる絶景とともに楽しみたい。

九州

御船山楽園

みふねやまらくえん

山水画のような世界に
四季の花が咲き誇る

江戸時代末期に造られた庭園。御船山の断崖を背景に、春には2千本の桜や5万本のツツジが、秋には見事な紅葉が目を楽しませてくれる。

白木峰高原

しらきみねこうげん

菜の花と桜が描く
懐かしい春の景色

春には約10万本の菜の花が、秋には約20万本のコスモスが咲く美しい高原。標高330mにあり、晴れた日には有明海や雲仙岳を一望できる。

大分県◆九重町ほか

くじゅう連山

くじゅうれんざん

九州の屋根を染める
桃色のじゅうたん

標 高1700m級の山々が連なる火山群。5月下旬〜6月中旬にかけて、国の天然記念物ミヤマキリシマが山頂をピンク色に染める。

宮崎県◆西都市

西都原古墳群

さいとばるこふんぐん

歴史ある古墳を彩る
四季折々の花

貴 重な古墳とともに花の名所としても知られる。約30万本の菜の花と2千本の桜が咲く春には「花まつり」が開催され、多くの人が訪れる。

宮崎県◆小林市

生駒高原

いこまこうげん

高原の風に揺れる
100万本のコスモス

霧 島連山の麓に広がる広大な高原で、秋には雄大な山々を背景にコスモスが咲き渡る。コスモスのほかにも季節ごとに花景色が楽しめる。

Island

美しい南の海に浮かぶ**島々**

熊本県◆上天草市

天草松島

あまくさまつしま

**海風感じる
ドライブルート**

有 明海に浮かぶ大矢野島と
天草上島の間にある島々。
九州本土と天草諸島は5つの
橋で結ばれ、路上からの海景
色が楽しめる。

自然が生み出した
多彩な島々による海景色

長崎県◆佐世保市

九十九島

くじゅうくしま

佐世保港から平戸までの海域には、208もの島々が点在し、リアス海岸と織りなす絶景を楽しめる。シーカヤックやクルーズも人気。

鹿児島県◆瀬戸内町

大島海峡

おおしまかいきょう

2つの島に挟まれた
サンゴのすむ海

奄美大島と加計呂麻島に挟まれた海。リアス海岸で複雑に入り組んだ形が特徴。高知山展望台や油井岳展望台から全体を一望できる。

大地の鼓動を感じる**湯けむり**

大分県◆別府市

海地獄
うみじごく

コバルトブルーに輝く
別府の青い地獄

約1200年前に鶴見岳の爆発によって生まれた熱泉。その名のとおり、水面は海のように涼しげなコバルトブルーだが、泉温は約98℃もある。

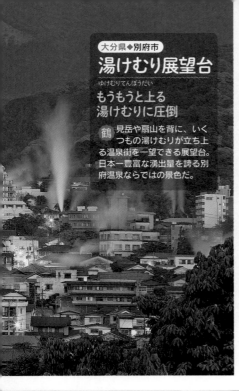

湯けむり展望台

ゆけむりてんぼうだい

もうもうと上る
湯けむりに圧倒

鶴見岳や扇山を背に、いくつもの湯けむりが立ち上る温泉街を一望できる展望台。日本一豊富な湧出量を誇る別府温泉ならではの景色だ。

雲仙地獄　長崎県◆雲仙市

うんぜんじごく

雲仙の古湯と新湯の間に広がる雲仙温泉のメインスポット。高温の温泉と噴気が激しく噴出し、まさに地獄の様相を呈している。

血の池地獄

ちのいけじごく

赤い熱泥が噴き出す
日本最古の天然地獄

酸化鉄や酸化マグネシウムを含んだ赤い熱泥が吹き出す源泉。その歴史は長く、奈良時代に編纂された『豊後国風土記』にも登場している。

九州

幽玄な世界が広がる屋久島

長い歴史を生きてきた
森にすむ巨大な主

鹿児島県◆屋久島町

縄文杉

じょうもんすぎ

屋久島の標高500mを超える山地に自生し、樹齢1000年以上の杉を屋久杉とよぶ。縄文杉は現在確認されている最も大きい屋久杉。

白谷雲水峡

しらたにうんすいきょう

ありのままの
緑の世界に息をのむ

標 高600〜1100m、面積424haの自然休養林。地床植物で覆われた、緑の景色を楽しむことができる「苔むす森」は最大のみどころ。

鹿児島県◆屋久島町

千尋の滝

せんぴろのたき

豪快に落ちる
V字谷の滝

落 差は約60m。V字谷の向かって左側の一枚岩は、千人が手を結んだくらいの大きさであることから名付けられた。

鹿児島県◆屋久島町

安房川

あんぼうがわ

非日常的な空間で
のんびりと水上散歩

緑 豊かな屋久島一流域面積
が広い川。ゆったりとし
た流れの中でカヤックやシュ
ノーケリングも楽しめる。雨
が降ると幻想的な空間に。

トローキの滝 鹿児島県◆屋久島町

とろーきのたき

直 接海に落ちる珍しい滝。ぽん・たん館前
の遊歩道から見ることができ、赤い橋と
モッチョム岳を背景にした撮影も楽しめる。

大川の滝 鹿児島県◆屋久島町

おおこのたき

日 本の滝百選にも選ばれている落差88m
の滝。滝つぼの真下まで行けるため、ダ
イナミックな滝を間近で体感できる。

九州

445

情緒あふれる九州の**街並み**

長崎県◆長崎市

祈念坂

きねんさか

㊙ 画などにも登場する、大
浦天主堂の路地裏にある
坂。作家の遠藤周作が愛した
場所としても有名で、昼と夜
では違った雰囲気が楽しめる。

異国情緒あふれる
長崎港が広がる坂道

大分県◆杵築市

酢屋の坂

すやのさか

江戸時代を思わせる
石畳の美しい坂

北台の武家屋敷と商人の街をつなぐ坂。酢屋の坂と塩屋の坂が通りを挟んで向かい合っているため、サンドイッチ型城下町とよばれている。

福岡県◆柳川市

柳川川下り

やながわかわくだり

四季折々に美しい
どんこ舟でめぐる柳川

柳川城の堀割が残る柳川で、お堀めぐりを楽しめる。どんこ舟に乗って船頭の案内を聞きながら、ゆったりと美しい景色を満喫できる。

郷愁を誘う**棚田**と**茶畑**

稲作文化が生んだ
美しき幾何学模様

浜野浦の棚田 （佐賀県◆玄海町）

はまのうらのたなだ

入り江に面した斜面に、自然な地形に沿って形成された棚田。夕日が映える田植え時期はもちろん、四季折々の美しさを見せる。

大分県◆豊後高田市
田染荘
たしぶのしょう

古代の景観を伝える
貴重な文化遺産

田 染荘の小崎地区には平安
～鎌倉時代の集落や水田
の位置がほとんど変わらず残
されており、夕日岩屋などか
らその絶景を堪能できる。

長崎県◆松浦市
土谷棚田
どやたなだ

約400枚の水田が
オレンジ色に輝く

約 400枚もの水田が一帯に
広がる壮大な棚田。田植
えの時期には、玄界灘に沈む
夕日に染まる水田と漆黒の島
影との共演が楽しめる。

福岡県◆八女市
八女中央大茶園
やめちゅうおうだいちゃえん

丘一面に広がる
緑のじゅうたん

約 70haのゆるやかな丘に
広がる八女茶の共同茶
園。頂上の展望所からは茶畑
の向こうに有明海や島原半島
まで一望できる。

九州

神聖な空気が漂う洞窟と鍾乳洞

鹿児島県◆曽於市
溝ノ口洞穴
みそのくちどうけつ

洞穴の暗闇に映える緑の中の赤の鳥居

洞穴の大きさは横14.6m、高さ6.4m。内部から入口を振り返ったときに見られる外の景色が神秘的で、撮影スポットになっている。

福岡県◆北九州市
千仏鍾乳洞
せんぶつしょうにゅうどう

地下水に浸食された芸術的な洞窟

国の天然記念物に指定された鍾乳洞。洞内の鍾乳石、石筍、石柱は神秘的で美しい。通年で気温は16℃で、絶景を楽しめる避暑地として人気。

稲積水中鍾乳洞
いなづみすいちゅうしょうにゅうどう

はるか昔に生まれた
泳げる水中鍾乳洞

3 億年前の古生代に形成され、水中鍾乳石や珊瑚石、ベルホール、ヘリクタイトなどが見られる鍾乳洞。予約すればスキューバダイビングも。

宮崎県◆高千穂町

天安河原
あまのやすかわら

神話が息づく場所で
石を積んで願い事

天 岩戸神社の西本宮にある奥行き30mほどの洞窟。天照大神が隠れてしまった際八百万の神が集まり話し合いされたと伝わる。

九州

451

特有の地形が魅せる山容

鹿児島県◆鹿児島市

城山展望台

しろやまてんぼうだい

雄大な桜島のある
絵画のような景色

標 高108mの展望台で望める、桜島と港町の景色は圧巻。マジックアワーには桜島の黒いシルエットと街の光が輝く夜景が広がる。

52

大観峰

だいかんぼう

（標）高936mで、阿蘇五岳からくじゅう連山まで360度のパノラマを一望できる。秋から冬にかけて、条件が合えば雲海が見られることも。

空気が澄んだ最高峰で阿蘇の風景を望む

熊本県◆阿蘇市

草千里ヶ浜

くさせんりがはま

新緑と青空が魅せる美しいコントラスト

（夏）は大草原に牛や馬が放牧される牧歌的な風景が、冬は雪で覆われた白銀の世界が広がり、季節によって異なった景色を見せてくれる。

九州

燃えるように色づく紅葉

「一目八景」を見渡せる
鮮やかで贅沢な空間

大分県◆中津市

深耶馬渓

しんやばけい

── 目八景の展望台では8つの岩峰の景色を一度に見ることができる。遊歩道も整備され、新緑の時期から紅葉の時期まで観光客で賑わう。

大分県◆九重町ほか

大船山

たいせんざん

青い空の下に広がる 真っ赤なじゅうたん

雄大な山容で知られる九重連山の東の名峰。紅葉の名所として知られ、山肌が鮮やかな赤や黄色に彩られる頃には多くの登山客が訪れる。

仁田峠 長崎県◆雲仙市

にたとうげ

「賢岳紅葉樹林」として国の天然記念物にも指定され、11月初旬には紅葉の見頃を迎える。ロープウェイでの空中散歩も楽しい。

九酔渓 大分県◆九重町

きゅうすいけい

約2kmにわたって断崖絶壁が続く、新緑から紅葉まで美しい渓谷。「九重"夢"大吊橋」では、滝と紅葉の織りなす絶景が堪能できる。

九州

港町を美しく照らす**夜景**

福岡県◆北九州市

めかり公園
めかりこうえん

山口と福岡をつなぐ関門橋のライトアップと門司港の景色を堪能できる。山口側には火の山公園があり、長いトンネルを歩いて往来できる。

夜空で大きな羽を広げ
光り輝く鶴の港

長崎県◆長崎市

稲佐山展望台
いなさやまてんぼうだい

標 高333mから長崎市街を眺望できる。「1000万ドルの夜景」と称され、香港、モナコとともに「世界新三大夜景」にも選定された。

福岡県◆北九州市

皿倉山展望台
さらくらやまてんぼうだい

北九州の光が集まる
360度のパノラマ

標 高622mの展望台は視界が広く、北九州の夜景を見渡すことができる。初心者向きの登山ルートも整備され、昼間に訪れる人も多い。

造形美に圧倒される**奇岩**

（佐賀県◆唐津市）

七ツ釜
ななつがま

船で近づき探訪する
海に並ぶ7つの穴

7つの海食洞が並列し、国の天然記念物にも選定。上にある展望台では洞窟のある絶景を見渡すことができ、船上からは近距離で楽しめる。

（長崎県◆壱岐市）

猿岩
さるいわ

カメラ目線が苦手な
壱岐島名物のサル

壱岐島の高さ45mの玄武岩が「そっぽを向いたサル」に見えることから猿岩とよばれる。日没には夕日を眺めるサルの姿が見られる。

塩俵の断崖

しおだわらのだんがい

迫力ある断崖で
自然の力を感じる

柱 状節理の奇岩が、塩を運んだ俵に似ていることから名付けられた。南北500mにわたって高さ約20mの柱が並ぶ景色は迫力満点。

芥屋の大門

けやのおおと

海からのみ見られる
洞窟のある景勝地

国 の天然記念物に指定され、日本三大玄武洞のひとつである海食洞。洞穴は海に面しているため遊覧船で海から観賞するのがおすすめ。

九州

COLUMN

外国人たちのディスカバージャパン

海棲動物を集めるには、
長崎の港はこれ以上を望むことができないほど
地の利を得ていた。

（ママ）
シーボルト『江戸参府紀行』斎藤信訳

シーボルトが見た**長崎**

鎖国下の長崎で先進医学を伝え、日本の自然に親しんだ西洋医

　鎖国政策下の文政6年（1823）、日本で唯一の西欧貿易拠点だった長崎・出島のオランダ商館に、医師のシーボルトが着任した。西洋人医師の噂はすぐに広まり、患者や医師が各地から長崎に集まった。出島からの外出許可を得たシーボルトは、長崎郊外に診療所兼西洋医学の私塾・鳴滝塾を開いている。

　博物学者でもあるシーボルトは、オランダから自然調査も任されていた。患者や塾生、猟師らから動植物などの標本や情報を集め、出島に植物園を造り、港の魚市場で魚類を調べ、商館長の江戸参府に同行してさまざまな知識や資料を得た。来日から6年後、禁制品持ち出しの罪で国外追放となり、長崎に妻と娘を残して日本を去る。持ち帰った多くの資料はオランダとドイツの民族学博物館に収蔵されている。

シーボルト
Philipp Franz Balthasar von Siebold　1796-1866
ドイツ出身の医師で博物学者。東洋の研究を希望し、当時、日本と交易のあったオランダの軍医となり27歳で長崎・出島に6年勤務。日本の開国後に63歳で再来日して長崎と江戸で3年を過ごす。娘の楠本イネは、日本初の女性産科医となって活躍した。

長崎港
ながさきこう

長崎県◆長崎市

元亀2年（1571）に開港し、鎖国期には唯一の国際貿易港だった。周囲に街が広がり、背後に稲佐山などの緑に囲まれた風光明媚な港。夜景の美しさでも知られる。

沖縄

心癒やされる、澄み渡るブルーの海と亜熱帯の森

沖縄 おきなわ

県庁所在地 那覇市　政令指定都市 なし
面積 2281km²（全国44位）　人口 約143万人（全国25位）

一年を通じて青い海と緑豊かな木々が見られ、本土とは一線を画す安らぎが感じられる。かつて琉球王国として繁栄を極めた島には、独自の伝統も宿っている。

かつての王が「万人を座するに足る」と唱えた万座毛

琉球王国を偲ぶ、県の中心地

沖縄諸島・大東諸島
おきなわしょとう・だいとうしょとう

県庁所在地の那覇市がある、沖縄県で最も大きな島。ヤンバルとよばれる森林が広がる北部、米軍施設の多い中部、都市圏の南部に分かれる。中南部では15世紀半ばから約450年にわたり琉球王国が繁栄。首里城がその栄華を今に伝えている。

主な絶景 北部から南部まで、島の西側にエメラルドグリーンの海が広がるビーチが多い。夕日が美しいスポットも多く、なかでも象の鼻を思わせる万座毛は定番の場所として知られる。首里城をはじめ、今帰仁城跡や勝連城跡では沖縄の歴史にふれることができる。

青の洞窟はダイバーに人気だ

幻想的な備瀬のフクギ並木

紺碧の海に囲まれたサンゴの島

宮古列島 みやこれっとう

中心地である宮古島をはじめ、主に8つの島からなる。島々はサンゴが隆起してできたもので、沖縄本島からは南西に約300km離れている。そのため文化や方言は本島とも八重山とも異なり独特。

主な絶景 宮古島の与那覇前浜ビーチなど、各島が美しい白浜を有している。また、東平安名崎から望む海のパノラマも見事。宮古島から離島へは3つの大橋が架かっており、どの景観もすばらしい。

国指定名勝の東平安名崎

穏やかな沖縄の原風景に出合う

八重山列島 やえやまれっとう

沖縄本島から南西約400kmに位置する、大小32の島々。玄関口の石垣島から、竹富島や西表島など各島にフェリーが運航している。経済の中心である本島から離れており、昔ながらの風景が各地に。国の天然記念物である希少な動植物も豊富。

主な絶景 石垣島では小島が浮かぶ川平湾や大原原を一望する玉取崎展望台が有名。西表島ではピナイサーラの滝など野趣あふれる光景が見られる。また、サンゴのかけらでできたバラス島も有名。

仲間川のマングローブ群

沖縄の世界遺産

● 琉球王国のグスク及び関連遺産群 →P485

首里城の入口に立つ楼門、守礼門

沖縄 ◆ 絶景インデックス **43** スポット

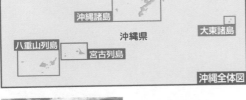

沖縄諸島　沖縄県　大東諸島

今帰仁城跡は、本島北部を支配した北
山王の城跡

小さな島々が浮かぶ石垣島観光の定番、川平
湾。黒真珠の養殖でも知られる

八重山列島

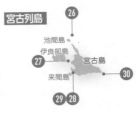

宮古列島

沖縄

ロマンが眠る**海底**と**洞窟**

八重干瀬

やびじ

宮 古島列島の北部に位置する
池間島。その南北に広がる
巨大なサンゴ礁群のことで、
100以上のサンゴ礁と多くの熱
帯魚が生息している。

国の名勝にも指定
日本最大級の卓状サンゴ礁群

沖縄

一度見たら忘れられない
深い瑠璃色

青の洞窟 （沖縄県◆恩納村）

あおのどうくつ

真 栄田岬近くの洞窟で、洞窟の入口から差し込んだ太陽光が海底の白砂に反射し、青い光となって洞窟内を照らしている。

星野洞

ほしのどう

悠久の時が
つくりだす乳白色

1 00以上の鍾乳洞が存在する南大東島の中でも、最大級の規模を誇る。ソーダストローとよばれる細長い鍾乳石や、つらら石などが特徴。

沖縄県◆南城市

玉泉洞

ぎょくせんどう

石灰岩の大地が造り
あげた神秘の鍾乳洞

テ ーマーパーク「おきなわワールド」内にある、全長5kmの鍾乳洞。30万年の年月をかけてつくられた鍾乳石は現在も長さが成長中。

沖縄県◆与那国島

海底遺跡

かいていいせき

ロマンあふれる
人気ダイビングスポット

与 那国島の底に眠る岩群。成立については人工の遺跡説と自然地形説が存在し、未だ謎も多く残る。階段や亀の形をした岩が有名。

沖縄

太陽にきらめく癒やしの**ビーチ**

沖縄県◆本部町

エメラルド
ビーチ

えめらるどびーち

マリンブルーと
コーラルサンドの浜

美ら海水族館などがある海洋博公園内に位置し、「憩いの浜」「眺めの浜」「遊びの浜」の3つの砂浜が。国の海水浴場百選にも選出されている。

カビラブルーが一面に広がる
国指定の名勝地

沖縄県◆石垣島
川平湾
かびらわん

日 本百景にも選ばれた海。潮の流れが速く遊泳は禁止のため、川平公園展望台から眺めるかグラスボートに乗るのがおすすめ。

沖縄県◆波照間島
ニシ浜
にしはま

波照間ブルーの美しいグラデーション

日 本最南端の波照間島にあるビーチ。「ニシ」は沖縄の方言で北を意味し、島の北部に位置する。シュノーケリングでは熱帯魚と出会える。

沖縄

沖縄県◆宮古島

与那覇前浜
ビーチ

よなはまえはまびーち

東洋一と称される
宮古ブルーと白砂

約 7km続く海岸に、素足で歩けるほどの真っ白できめ細やかな砂浜が広がる。遠浅の海が特徴なので、海水浴にもおすすめ。

沖縄県◆渡嘉敷島

渡嘉志久ビーチ

とかしくびーち

ウミガメと一緒に
海を泳いで探検

慶 良間諸島のひとつ、渡嘉敷島の海。遠浅で波も穏やかなのが特徴。ウミガメの生息スポットとしても有名で、運がよければ出会えるかも。

バラス島 　沖縄県◆西表島
ばらすとう

世 界でも珍しい、サンゴ礁のかけらでできた奇跡の島。海にもぐると幾重にも重なるサンゴ礁の厚みがよく見える。

イーフビーチ 　沖縄県◆久米島
いーふびーち

全 長2kmの久米島を代表するビーチ。真っ白の砂と透き通った水は異国感満載。海の近くにはホテルやレストランもあり便利。

沖縄県◆石垣島

川平石崎マンタ スクランブル
かびらいしざきまんたすくらんぶる

マンタと出会える 沖縄有数のスポット

石 垣島の北西部にある、マンタが数多く生息するエリア。水深もあまり深くなく、安心して潜れるのもよい。ベストシーズンは秋ごろ。

沖縄

海に沈みゆく夕日の眺め

沖縄県◆恩納村

万座毛
まんざもう

琉球国王も見惚れた日没の雄大な景色

東シナ海に面した高さ約20mの断崖絶壁の地。ゾウの鼻のような岩が特徴的で、崖上には遊歩道と夕日のビュースポットが随所にある。

沖縄県◆北谷町

サンセットビーチ
さんせっとびーち

買い物後に訪れたい市街地にあるビーチ

美浜アメリカンビレッジに隣接するビーチで、その名のとおり夕日の絶景スポット。波も穏やかで波音と静かに沈んでいく夕日に時を忘れる。

残波岬 （沖縄県◆読谷村）
ざんぱみさき

隆 起したサンゴの断崖が約2km続く岬。岬
一帯は公園として整備されていて、白亜
の灯台から眺める夕焼けの美しさに息をのむ。

アラハビーチ （沖縄県◆北谷町）
あらはびーち

安 良波公園に隣接したビーチで、公園と砂
浜の間にある堤防に座ってサンセットウ
オッチをするのがおすすめ。

（沖縄県◆与那国島）
西崎
いりざき

日本最後の夕日の
美しさにうっとり

日 本最西端の岬。太陽が日本
で最後に沈む場所で、その
光景をひと目見ようと多くの人
が訪れる。指定案内所で日本最
西端の証しがもらえる。

沖縄

473

自然あふれる滝や川と聖地

仲間川

なかまがわ

日本最大の
マングローブ林

国内最大のサキシマスオウノキや西表島では東部にしか生息していないマヤプシキが見られ、船で川をまわるクルーズツアーが人気。

末吉公園

すえよしこうえん

沖縄中心部とは思え
ない自然のオアシス

緑あふれる広大な敷地には国の史跡でもある神社、末吉宮や安謝川が流れている。初夏にはホタルが観賞でき、幻想的な風景を演出する。

深い森の奥で轟音を響かせる瀑布

比地大滝 沖縄県◆国頭村

ひじおおたき

落 差25.7mと沖縄本島最大の滝。入口から滝壺まで約1.5kmの距離があるものの、遊歩道が整備されており歩きやすい。

伝説も数多く残る
沖縄最高位の聖地

沖縄県◆南城市
斎場御嶽
せーふぁうたき

琉球創世神・アマミキヨが
創生したと伝わる聖地。
岩が重なり合ってできた三角
のトンネルがシンボルで、そ
の奥は三庫理とよばれる聖域。
（三庫理は2020年10月現在
立ち入り制限中）

ガンガラーの谷 （沖縄県◆南城市）

がんがらーのたに

数 十万年前まで鍾乳洞だった地が崩れてできた谷。植物が生い茂り、約2万年前にこの地に暮らしていた「港川人」の調査も進む。

ター滝 （沖縄県◆大宜味村）

たーたき

本 島北部の平南川上流にある滝で、落差は10m以上。「ター」は2つという意味で、流れが2つに分かれていることからその名が。

（沖縄県◆西表島）

ピナイサーラの滝

ぴないさーらのたき

滝上からは
バラス島を一望

55mと沖縄で最も大きな落差と、細長い流れが特徴の滝で、「下がったひげ」が名前の由来。カヌーやトレッキングツアーも体験可能。

沖縄

ブルーの空と海を堪能する橋

オーシャンブルー広がる
島と島を結ぶ絶景橋

沖縄県◆来間島

来間大橋

くりまおおはし

宮 古島と来間島を結ぶ全長
約1.7kmの橋。農業用に
造られたが、現在は沖縄屈指
の絶景スポットに。橋からは
与那覇前浜ビーチが望める。

沖縄県◆南城市

ニライカナイ橋

にらいかないばし

真横に海と緑を
眺める絶景ドライブ

ニ ライ橋とカナイ橋からな
り、高低差80mの断崖
の上下を大きくカーブを描い
て結ぶ。橋の頂上の展望台か
らは久高島を一望。

伊良部大橋

いらぶおおはし

上り勾配の先に
広がる一面のブルー

無料で渡れる橋としては国内最長を誇る、2015年に開通した全長3540mの橋。牧山展望台からは橋と海の2ショットが見られておすすめ。

沖縄

水平線を見つめる岬と展望台

春にはテッポウユリが咲き誇る約2kmの岬

東平安名崎 （沖縄県◆宮古島）

ひがしへんなざき

隆 起サンゴ礁の石灰岩からなる岬。先端にある灯台から東シナ海と太平洋が望め、またその展望の美しさから国の名勝にも指定。

沖縄県◆宮城島
果報バンタ
かふうばんた

70mの高さから
透明な海を見渡す

高さ約70mの断崖絶壁で、眼下には手つかずの海が広がる。バンタとは沖縄の言葉で崖や岬を意味し、「幸せ岬」ともよばれる。

沖縄県◆石垣島
平久保崎
ひらくぼざき

青の大パノラマに
白亜の灯台が映える

石垣島最北端の岬で、周りをサンゴ礁が囲む。灯台の後ろに立つ丘がビュースポットで、灯台の先には小さな無人島・大地離島が見える。

沖縄県◆石垣島
玉取崎展望台
たまとりざきてんぼうだい

花と緑に囲まれた
自然豊かな展望台

北にははんな岳や平久保崎のある平久保半島が広がる、石垣島北部の展望台。道中にはハイビスカスやソテツなど南国植物が多く咲く。

沖縄

沖縄らしさを感じる**通り**

石敢當

琉球時代の面影残る
300mの古道

沖縄県◆那覇市

首里金城町
石畳道

しゅりきんじょうちょういしだたみみち

16世紀に首里城から沖縄各地につながる道として整備された石畳の道。戦争により大部分が焼失したが、300mほどの区間が今も残っている。

国際通り
こくさいどおり

沖縄ナンバーワンの
ショッピングストリート

約 1.6kmの道にずらりと店
が軒を連ねる沖縄のメイ
ンストリート。戦後著しく成
長を遂げた場所として「奇跡
の1マイル」とよばれた。

沖縄県◆竹富島

ブーゲンビリア
の道
ぶーげんびりあのみち

ブーゲンビリアが織
りなすフラワーロード

右 垣島から船で10分ほど
で着く小さな島・竹富島
にある道。沖縄ではハイビス
カスに次いで有名なブーゲン
ビリアが随所に咲くほか、水
牛車がゆったりと歩いている。

沖縄県◆本部町

備瀬の
フクギ並木
びせのふくぎなみき

木洩れ日の差す
緑のトンネルを散歩

備 瀬の集落を覆うようにし
て立つフクギ並木は、古
来より防風林として台風から
人々を守ってきた。樹齢300
年を超える木も存在。

沖縄

483

Architecture
琉球の歴史を語る建築

今帰仁城跡
なきじんじょうあと

荒々しくうねる城壁が
圧巻の世界遺産

琉 球王国成立以前、当時本島北部から奄美大島を治めていた北山王国の王城。かつて難攻不落の城といわれたが現在は桜の名所に。

波上宮
なみのうえぐう

高台から人々を
見守る沖縄の総鎮守

古 くから航海安全や豊漁を祈願し、海に面した岩礁の上に立つ神社。沖縄で最も格式高い神社ながらシーサーなど沖縄らしい要素も。

沖縄県◆那覇市

首里城公園
しゅりじょうこうえん

赤瓦の門が出迎える
琉球のシンボル

約 450年続いた琉球王国を支えた中心地。2019年に火災で正殿などが焼失したものの、守礼門をはじめ復興の様子が見学できる。

首里城公園：守礼門

沖縄県◆うるま市

勝連城跡
かつれんじょうあと

勝連半島の根本に
立つ沖縄最古の城跡

海 外貿易で勝連を繁栄させた阿麻和利の居城。城壁は自然の断崖を利用してつくられ、標高100mの頂上からは海景色が広がる。

沖縄県◆石垣島

唐人墓
とうじんばか

犠牲者が眠る
極彩色の墓

嘉 永5年（1852）、米国船内で中国人労働者が虐待にあい暴動が起きた。その際に亡くなった128名を祀るため昭和46年（1971）に建立。

沖縄

Animal

うちなーな**生き物**に会いに

（沖縄県◆本部町）

国営沖縄記念公園
（海洋博公園）
沖縄美ら海
水族館

こくえいおきなわきねんこうえん（かいようは
くこうえん）おきなわちゅらうみすいぞくかん

沖縄の海を大規模な
スケールで再現

世 界最大級の水槽では眼前
に迫りくるジンベエザメ
やナンヨウマンタが見られる。

（沖縄県◆由布島）

由布島水牛

ゆぶじますいぎゅう

水牛に乗って
のんびりと島を観光

西 表島の東に位置する由布
島。島全体が亜熱帯植物
園になっておりヤシの木が生
い茂る。多くの水牛が生息し、
西表島からも水牛車で渡れる。

琉球の人々はいちじるしく文明化している。
人々は無欲で、完全に満足しているように見える。

ベイジル・ホール『朝鮮・琉球航海記』
春名徹訳

ベイジル・ホールが見た沖縄

牧歌的で満ち足りた東アジアの島で受けた礼儀正しい住民の歓待

　ベイジル・ホール艦長率いる英国艦船ライラ号が琉球・那覇港（泊港）に姿を現したのは、黒船来航より37年前の文化13年（1816）。同行した通商使節団を中国に送り届け、東シナ海周辺の海洋探索のため朝鮮経由で琉球を訪れた。ホールはこのときの来訪記『朝鮮・琉球航海記』を帰国後に刊行する。

　琉球滞在中の約1カ月半、ライラ号は政府より無償で水や食料を提供された。当時の琉球は鎖国中の徳川幕府の影響下にあったが、琉球の役人は丁重な態度で異国人に接し、住民も温かく迎えている。「きわめて温和でひかえめ、上品で節度ある」人々と好印象を持ち、彼らの道徳意識の高さに感嘆する。極東の未知の国・琉球の航海記は反響を呼び、多くの外国語に翻訳。琉球を欧米諸国に広く紹介した最初の著作となった。

ベイジル・ホール
Basil Hall　1788-1844

イギリス・スコットランド出身の海軍将校で旅行作家。処女作『朝鮮・琉球航海記』が認められ、人気の旅行作家となる。東アジアから帰国途中、セント・ヘレナ島にいるナポレオンに会って琉球での見聞を語った。日本研究者チェンバレンの外祖父。

運天港
うんてんこう

（沖縄県北部◆今帰仁村）

本島北部の港で伊平屋島と伊是名島への玄関口。平安時代に源為朝が伊豆大島を脱出して流れ着いたとの伝説が残る。ホールは琉球の測量調査の際に立ち寄った。

エリア別 絶景カタログ

北海道◆礼文町
澄海岬
すかいみさき
透明度の高い澄んだ海を眺めることができ、周辺では高山植物も見られる。

北海道◆紋別市ほか
オホーツク海の流氷
おほーつくかいのりゅうひょう
毎冬、サハリン北東部の海から流れてくる流氷。流氷観光砕氷船などから観賞できる。

北海道◆上川町
大雪 森のガーデン
だいせつ もりのがーでん
大雪山連峰を望む森に造られた庭園。テーマ別に構成された3つのエリアを楽しめる。

北海道◆上川町
銀泉台
ぎんせんだい
大雪山の紅葉スポットとして名高い名所。赤岳の登山口にあり、9月中旬ごろが見頃。

北海道◆美幌町
美幌峠
びほろとうげ
屈斜路湖や知床連山が一望できるビュースポット。気象条件が揃えば雲海も見られる。

北海道◆足寄町
オンネトー
おんねとー
「五色沼」ともよばれ、見る時間や角度によって色を変える神秘的な湖。

北海道◆美瑛町
セブンスターの木
せぶんすたーのき
セブンスターの観光たばこのパッケージに採用された、丘に1本の木が立つ風景。

北海道◆美瑛町
マイルドセブンの丘
まいるどせぶんのおか
マイルドセブンのCMが撮影されたことから有名になった、緑が広がる絶景スポット。

北海道◆美瑛町
白ひげの滝
しろひげのたき
美瑛川に白ひげのように流れ落ちていく滝。コバルトブルーに輝く川面の色も美しい。

北海道◆上富良野町
フラワーランドかみふらの
ふらわーらんどかみふらの
ラベンダーやヒマワリなど季節の花が咲き誇る、総面積15万haの広大な花畑。

北海道◆上富良野町
ラベンダーイースト
らべんだーいーすと
広大な敷地に約9万株ものラベンダーが植えられている日本最大級のラベンダー畑。

北海道◆富良野市
鳥沼公園
とりぬまこうえん
豊かな雑木林と透明度の高い沼が織りなす緑の絶景を楽しめる自然公園。

北海道◆富良野市
風のガーデン
かぜのがーでん
ドラマの舞台として2年もの歳月をかけて造成された庭園。計算された庭造りが見事。

北海道◆富良野市
麓郷の森
ろくごうのもり
緑豊かな森の中にドラマ『北の国から』で使用された丸太小屋などがある。

北海道◆富良野市
富良野ロープウェー
ふらののろーぷうぇー
標高900mにあるデッキから富良野盆地と大雪山連峰十勝岳が一望できる。

北海道◆小樽市
小樽 青の洞窟
おたる あおのどうくつ
水面が青色に見える神秘的な洞窟。海岸国定公園にあり、小型船などで洞窟に入る。

北海道◆札幌市
大通公園
おおどおりこうえん
札幌の中心地にある長さ約1.5kmの公園。さっぽろ雪まつりの会場としても有名。

北海道◆札幌市
平岡樹芸センター
ひらおかじゅげいセンター
札幌市郊外にある桜や紅葉の名所。園内には西洋庭園もあり、一年を通して楽しめる。

北海道◆札幌市
さっぽろ羊ヶ丘展望台
さっぽろひつじがおかてんぼうだい
札幌市街地や石狩平野を見渡す展望台。敷地内にはクラーク博士の銅像が立つ。

北海道◆札幌市
頭大仏
あたまだいぶつ
安藤忠雄氏が設計した大仏殿に鎮座するユニークな姿が話題。真駒内滝野霊園にある。

北海道◆札幌市
国営滝野すずらん丘陵公園
こくえいたきのすずらんきゅうりょうこうえん
北海道で唯一の国営公園。色とりどりの花畑や森などが広大な敷地に広がっている。

北海道◆千歳市
オコタンペ湖
おこたんぺこ
北海道3大秘湖のひとつ。天候や時間、見る角度によって、湖水の色が変化する。

北海道◆伊達市
三階滝
さんかいたき
3段に分かれた岩肌を流れ落ちる滝。新緑や紅葉の時期は特に美しい景観を楽しめる。

北海道◆伊達市
大滝ナイアガラ滝
おおたきないあがらたき
落差は小さいが川幅は広いため、この通称でよばれるようになった。

北海道◆苫小牧市
樽前ガロー
たるまえがろー
緑色に苔むした岩の間を清流が流れる癒しのスポット。樽前山麓の林間にある。

北海道◆ニセコ町
大湯沼
おおゆぬま
沼底から高温ガスが噴気しており、グツグツと煮えたぎっているような景観が望める。

北海道◆函館市
函館ハリストス正教会
はこだてはりすとすせいきょうかい
日本初のロシア正教会聖堂として知られる歴史的建造物。白壁と緑の屋根が印象的。

北海道◆函館市
立待岬
たちまちみさき
津軽海峡に突き出るように断崖がそそり立つ。夏にはハマナスの花も楽しめる。

青森県◆弘前市
旧弘前市立図書館
きゅうひろさきしりつとしょかん
明治39年(1906)に建造された木造建築。左右に配置された八角形の塔が特徴的。

青森県◆深浦町
鶏頭場の池
けとばのいけ
白神山地にある十二湖のうちのひとつ。緑豊かな景色が爽快な気持ちにさせてくれる。

青森県◆弘前市
旧第五十九銀行本店本館
きゅうだいごじゅうくぎんこうほんてんほんかん
明治12年(1879)に建設。ルネサンス様式が基本だが和風技法も取り入れられている。

青森県◆つがる市
高山稲荷神社
たかやまいなりじんじゃ
幾重にも連なる鳥居はインパクト大。商売繁盛のご利益があるパワースポット。

青森県◆深浦町
行合崎海岸
ゆきあいざきかいがん
奇岩に囲まれた岬から眺める夕日が幻想的。夏はキャンプをする人で賑わう。

岩手県◆盛岡市
南昌荘
なんしょうそう
明治18年(1885)に建てられた近代和風建築。風情ある池泉回遊式の庭園がおすすめ。

岩手県◆盛岡市
盛岡さんさ踊り
もりおかさんさおどり
毎年8月1日から4日に行われる。世界一の数を誇る和太鼓のパレードがみどころ。

岩手県◆八幡平市
焼走り熔岩流
やけはしりようがんりゅう
岩手山より流れ出た溶岩流により形成された岩原。国の特別天然記念物に指定。

岩手県◆軽米町
雪谷川ダムフォリストパーク・軽米
ゆきやがわだむふぉりすとぱーく・かるまい
ダムと森林の景観を生かして造られた公園。異国情緒あふれる風車と花畑が美しい。

秋田県◆男鹿市
雲昌寺
うんしょうじ
江戸時代前期に開創されたといわれる寺院。6月に見頃を迎えるアジサイが有名。

秋田県◆由利本荘市
大谷地池
おおやちいけ
秋田県一の人工池。周囲にノハナショウブやレンゲツツジが群生している。

秋田県◆湯沢市
川原毛地獄
かわらげじごく
日本でも有数の霊場。現在も噴気活動が活発で、火山ガスなどが噴出している。

秋田県◆男鹿市
入道崎
にゅうどうざき
日本海に突出した岬。日本海の荒波により、落差30mの海岸が形成された。

秋田県◆にかほ市
元滝伏流水
もとたきふくりゅうすい
鳥海山麓の隠れたフォトスポット。苔むした岩肌に映える水飛沫はまさに幽玄。

宮城県◆栗原市
一迫ゆり園
いちはさまゆりえん
町おこしとして植えられたのが始まり。現在は約200品種15万球のユリが咲き誇る。

宮城県◆松島町
西行戻しの松公園
さいぎょうもどしのまつこうえん
公園からは松島を見下ろすことができる。春には260本以上の桜が咲き乱れる名所。

宮城県◆七ヶ宿町
長老湖
ちょうろうこ
蔵王連峰の不忘山にある。初夏の新緑や秋の紅葉など、四季折々の風景が楽しめる。

宮城県◆松島町
福浦橋
ふくうらばし
長さ252mの朱塗りの橋。出会い橋ともよばれ、良縁が叶うとスポットとして人気。

宮城県◆加美町
やくらいガーデン
やくらいがーでん
広大な園内に400種類の植物が栽培される。季節ごとのイベントやチャペルも人気。

山形県◆鶴岡市
赤川花火記念大会
あかがわはなびきねんたいかい
約1万2000発の花火が夜空を彩り、日本の花火100でベスト10に入るほどの迫力。

山形県◆米沢市
上杉雪灯籠まつり
うえすぎゆきとうろうまつり
約300基の雪灯籠と約1000個の雪洞に明かりが灯る。県を代表する冬のイベント。

山形県◆天童市
倉津川しだれ桜
くらつがわしだれざくら
両岸1.4kmにしだれ桜が咲き誇る。夜のライトアップが幻想的。

山形県◆酒田市
山居倉庫
さんきょそうこ
明治26年(1893)に建てられた米保管倉庫。情緒ある建築群は庄内のシンボル。

山形県◆山形市
出塩文殊堂
でしおもんじゅどう
参道の両脇に40種約2500株のアジサイが植えられており、あじさい寺として知られる。

山形県◆遊佐町
丸池様
まるいけさま
地域住民が古くから信仰し、大切にしている池。幻想的なエメラルドグリーンが特徴。

山形県◆鶴岡市
弥陀ヶ原湿原
みだがはらしつげん
月山の八合目にある湿原。夏には100種類以上の高山植物で埋め尽くされる。

福島県◆会津若松市
会津さざえ堂
あいづさざえどう
正式名は「円通三匝堂」。上りと下りが別通路の、特殊な二重らせん構造となっている。

福島県◆田村市
あぶくま洞
あぶくまどう
昭和44年(1969)に発見された鍾乳洞。日本初の演出用ライトアップが導入された。

福島県◆郡山市
開成山公園
かいせいざんこうえん
郡山市を代表する公園。春には約1300本の桜が咲き、ピンク色の世界が広がる。

福島県◆喜多方市
新宮熊野神社
しんぐうくまのじんじゃ
福島を代表する古社。境内のイチョウの大木がつくる、黄金のじゅうたんが幻想的。

茨城県◆土浦市
土浦全国花火競技大会
つちうらぜんこくはなびきょうぎたいかい
日本三大花火大会のひとつ。秋季に開催され、約2万5000発の花火が夜空を彩る。

茨城県◆つくば市
筑波山の夜景
つくばさんのやけい
つくば市はもちろん、東京タワーやスカイツリーなど、関東平野の夜景を一望できる。

栃木県◆佐野市
出流原弁天池
いずるはらべんてんいけ
古生層の石灰岩から湧き出た水でできた池。優雅に泳ぐ鯉が清涼感を与えてくれる。

栃木県◆市貝町
市貝町芝ざくら公園
いちかいまちしばざくらこうえん
2006年に開設された公園。広大な敷地を鮮やかなピンクの芝桜が埋め尽くす。

栃木県◆日光市
鬼怒楯岩大吊橋
きぬたておおおおつりばし
鬼怒川温泉街と楯岩を結ぶ吊橋。鬼怒川のダイナミックな急流が眺められる。

栃木県◆那須塩原市
スッカン沢
すっかんさわ
那須塩原の秘境。手つかずの自然が残り、渓谷沿いに美しい滝が点在する。

栃木県◆栃木市
栃木の街並み
とちぎのまちなみ
巴波川に約1000匹の鯉のぼりが吊るされる。色とりどりの鯉はまさに春の風物詩。

栃木県◆那須町ほか
那須岳
なすだけ
県の最北端に位置する活火山。山頂から見渡せる景色に心を打たれる登山者も多い。

栃木県◆那須町
那須八幡のツツジ群落
なすはちまんのつつじぐんらく
那須高原の中腹に位置するツツジ園。約23haの敷地に20万本のツツジが広がる。

群馬県◆みなかみ町
一ノ倉沢
いちのくらさわ
関東でも有数の規模を誇る岩壁。真夏でも残る雪間は、見るものを圧倒する。

群馬県◆太田市
おおた芝桜まつり
おおたしばざくらまつり
春に八王子山公園で開催される花の祭典。期間中にさまざまなイベントが催される。

群馬県◆嬬恋村
鬼押出し園
おにおしだしえん
浅間山噴火による溶岩の風化で形成された奇勝や、季節の植物を見ることができる。

群馬県◆みなかみ町
土合駅
どあいえき
10分ほど階段を下りないと到達できないため、「日本一のモグラ駅」とよばれる駅。

群馬県◆中之条町
野反湖
のぞりこ
野反ダムにある人造湖。多種の高山植物や原生林に囲まれているため天然湖に見える。

群馬県◆長野原町
やんば見放台
やんばみはらしだい
八ッ場ダムを見下ろせる展望台。付近には道の駅や滝もあり、存分に観光を楽しめる。

群馬県◆中之条町ほか
芳ヶ平湿原
よしがだいらしつげん
草津白根山の裏側に位置する。湿地や河川が広がり、多種多様な生き物が生息する。

埼玉県◆横瀬町
あしがくぼの氷柱
あしがくぼのひょうちゅう
川の水を散水してつくる人工氷柱。夜はライトアップされ幻想的な雰囲気に。

埼玉県◆川越市
川越の街並み
かわごえのまちなみ
情緒ある町家形式の蔵造りの街並み。鐘楼「時の鐘」は今も定刻に鳴り響く。

埼玉県◆熊谷市
熊谷桜堤
くまがやさくらつつみ
埼玉でも指折りの桜の名所。約500本の桜が約2kmにわたって咲き誇る。

埼玉県◆幸手市ほか
県営権現堂公園
けんえいごんげんどうこうえん
四季折々の花が咲く公園。秋に咲く300万本の曼珠沙華が真っ赤に園内を染めあげる。

埼玉県◆滑川町ほか
国営武蔵丘陵森林公園
こくえいむさしきゅうりょうしんりんこうえん
さまざまな施設や季節のイベントが開催され、一年中家族連れで賑わう国営公園。

埼玉県◆行田市
古代蓮の里
こだいはすのさと
市の花である古代蓮をシンボルとした公園。約12万株の蓮が植生されている。

埼玉県◆所沢市ほか
狭山湖
さやまこ
水道局が管理する人造湖。緑豊かな武蔵野の風景を楽しむ観光客で賑わう。

埼玉県◆秩父市
三十槌の氷柱
みそつちのつらら
岩肌からの湧水によってつくりだされる巨大なつらら。1～2月に見頃を迎える。

千葉県◆鴨川市
大山千枚田
おおやませんまいだ
約3haの斜面に375枚の棚田が連なる。日本で唯一、雨水のみで耕作している水田。

千葉県◆九十九里町ほか
九十九里浜
くじゅうくりはま
日本最大の砂浜海岸。古くから療養地・保養地として多くの人々に愛されている。

千葉県◆香取市
佐原の町並み
さわらのまちなみ
川沿いに歴史的建造物が残る。情緒あふれる「小江戸さわらの舟めぐり」がおすすめ。

千葉県◆茂原市
服部農園あじさい屋敷
はっとりのうえんあじさいやしき
1万株以上のアジサイが埋め尽くす。メディアにも多く取り上げられる人気のスポット。

千葉県◆南房総市ほか
房総フラワーライン
ぼうそうふらわーらいん
約46kmの海岸線の道路。四季にあわせて開花する花が道沿いを彩り、見事に咲き誇る。

東京都◆江戸川区
江戸川区花火大会
えどがわくはなびたいかい
江戸川区と市川市の共同開催による花火大会。5秒間に1000発の花火が打ち上がる。

お台場海浜公園
おだいばかいひんこうえん

東京都◆港区
磯浜エリアや展望台、マリンハウスなど1日遊んでも飽き足りない海浜公園。

東京都◆小金井市ほか
小金井公園
こがねいこうえん

都立公園でも最大規模の広さ。約1800本の桜が植えられ花見の名所として知られる。

東京都◆墨田区ほか
隅田公園
すみだこうえん

水戸徳川の遺構を整備した公園。花見や花火大会など、多様なイベントを開催。

東京都◆小平市ほか
玉川上水緑道
たまがわじょうすいりょくどう

約24kmにわたる緑の道。緑豊かな木々の下を歩くと爽快な気分に。春の桜もみどころ。

東京都◆江東区
テレコムセンター 展望台
てれこむせんたー てんぼうだい

ベイエリア屈指の展望スポット。東京タワーやお台場など臨海副都心を一望できる。

東京都◆江東区
東京ゲートブリッジ
とうきょうげーとぶりっじ

江東区若洲と中央防波堤を結ぶトランス構造の橋。夕日が沈む美形が魅力。

東京都◆新宿区
東京都庁舎展望室
とうきょうとちょうしゃてんぼうしつ

360度の眺望が無料で楽しめる人気のスポット。晴れた日は富士山が見えることも。

東京都◆千代田区
二重橋
にじゅうばし

皇居内にある橋。通常時は通れないが、一般参賀の際に開放され渡ることができる。

東京都◆大田区
羽田空港
はねだくうこう

日本最大級の国際空港。「空の玄関」と称され、連日多くの人が行き交う。

東京都◆千代田区
丸の内仲通り
まるのうちなかどおり

丸の内のメインストリート。美しい街路樹の道沿いにハイセンスな店が連なる。

神奈川県◆座間市
座間市ひまわり畑
ざましひまわりばたけ

遊休農地対策の一環として植生された。5ha以上の敷地に黄金色が咲き誇る。

神奈川県◆横須賀市
猿島
さるしま

東京湾唯一の無人島。島の半分が公園で、バーベキューや釣り、散策を楽しめる。

神奈川県◆箱根町ほか
箱根登山鉄道
はこねとざんてつどう
日本最急の勾配がある山岳鉄道。沿線沿いに約1万株のアジサイが植えられている。

神奈川県◆鎌倉市
明月院
めいげついん
臨済宗建長寺派の寺院。「悟りの窓」から眺める庭園やアジサイで有名なスポット。

神奈川県◆横浜市
横浜赤レンガ倉庫
よこはまあかれんがそうこ
保税倉庫として明治44年(1911)に着工。異国情緒あふれる横浜随一の観光名所。

新潟県◆新潟市
角田岬灯台
かくだみさきとうだい

角田浜海水浴場近くの断崖に立つ、高さ約13mの白亜の灯台。夕日の名所でもある。

新潟県◆新潟市
満願寺のはさ木並木
まんがんじのはさきなみき

およそ1kmの農道沿いに約1000本のはさ木が並ぶ、越後を代表する田園風景。

新潟県◆阿賀野市
瓢湖
ひょうこ

江戸時代に造られた用水池。「白鳥の渡来地」として国の天然記念物に指定されている。

新潟県◆柏崎市
青海川駅
おうみがわえき

JR信越本線の無人駅。日本一海に近い駅のひとつとされ、ドラマのロケ地としても有名。

新潟県◆魚沼市
枝折峠
しおりとうげ

早朝に発生した雲海が山の稜線を滝のように流れ落ちる「滝雲」の観賞スポット。

新潟県◆津南町
龍ケ窪
りゅうがくぼ

大量の地下水によって1日で池の水がすべて入れ替わるため、抜群の透明度を誇る。

新潟県◆津南町
中子の桜
なかごのさくら

残雪や朝霧と桜の競演が見られ、アマチュアカメラマンの投稿を機に注目された。

新潟県◆南魚沼市
雲洞庵
うんとうあん

参道の石畳の下には法華経が一字ずつ記されており、歩くだけでご利益があるという。

新潟県◆妙高市
高谷池湿原・天狗の庭
こうやいけしつげん・てんぐのにわ

火打山登山道の途中に広がる高山植物の宝庫。紅葉は9月下旬〜10月上旬が見頃。

新潟県◆妙高市
苗名滝
なえなたき

長野県との境を流れる関川にかかる落差55mの豪快な滝。駐車場から滝までは徒歩約15分。

新潟県◆佐渡市
北沢浮遊選鉱場
きたざわふゆうせんこうば

かつて東洋一の規模を誇った鉱石の処理施設。期間限定のライトアップも。

新潟県◆佐渡市
矢島・経島
やじま・きょうじま

入り江に浮かぶ2つの島。島を赤い太鼓橋がつなぐ。たらい舟の乗船体験も人気。

山梨県◆北杜市
明野のひまわり畑
あけののひまわりばたけ

7月下旬〜8月下旬に合計約60万本のヒマワリが咲く。開花時期にはイベントも開催。

山梨県◆北杜市
吐竜の滝
どりゅうのたき

岩間から絹糸のように流れ落ちる風情ある滝。渓谷沿いには遊歩道が整備されている。

山梨県◆韮崎市ほか
甘利山
あまりやま

6月中旬に見頃を迎える約15万株のレンゲツツジが圧巻。富士山も一望できる。

ほったらかし温泉
（山梨県◆山梨市）
ほったらかしおんせん
甲府盆地と富士山を眺望できる絶景露天風呂。日の出から夜景まで楽しめる。

笛吹川フルーツ公園
（山梨県◆山梨市）
ふえふきがわふるーつこうえん
果物をテーマにした都市公園。高台にあり、夜景は新日本三大夜景に選ばれている。

大菩薩峠
（山梨県◆甲州市ほか）
だいぼさつとうげ
稜線から富士山と大菩薩湖をはじめ壮大なパノラマが楽しめる展望スポット。

南伊奈ヶ湖
（山梨県◆南アルプス市）
みなみいなヶこ
櫛形山の麓にある湖。水面に紅葉が映る景色が人気。見頃は10月中旬～11月中旬。

甲斐の猿橋
（山梨県◆大月市）
かいのさるはし
橋脚をまったく使わない珍しい構造をした橋で、日本三奇橋のひとつ。

渋峠
（長野県◆山ノ内町ほか）
しぶとうげ
群馬県との境にあり、日本国道の最高地点がある。紅葉の美しさは絵画のよう。

地獄谷野猿公苑
（長野県◆山ノ内町）
じごくだにやえんこうえん
野生のニホンザルを間近に観察でき、冬場に温泉に入るサルの姿は世界的にも有名。

鏡池
（長野県◆長野市）
かがみいけ
標高1200mにある池。戸隠連峰の四季折々の姿を、鏡のごとく水面に映し出す。

臥竜公園
（長野県◆須坂市）
がりゅうこうえん
池の周囲や公園全体で約600本の桜が咲く名所。ライトアップされた夜桜が幻想的。

姨捨の棚田
（長野県◆千曲市）
おばすてのたなだ
月が不揃いな棚田それぞれに移りゆく「田毎の月」で知られる。

美ヶ原高原
（長野県◆長和町ほか）
うつくしがはらこうげん
標高2000m付近に広がる高原。360度の景観が楽しめ、放牧された牛も見られる。

海野宿
（長野県◆東御市）
うんのじゅく
北国街道沿いの宿場町。江戸と明治以降の建物が調和した伝統的な町並みが残る。

赤そばの里
（長野県◆箕輪町）
あかそばのさと
9月下旬～10月上旬、高原一帯が日本でも珍しい赤そばの花で美しく染まる。

開田高原
（長野県◆木曽町）
かいだこうげん
御岳山の麓に広がる高原で、8月には白くてかわいらしいそばの花が咲く。

花桃の里
（長野県◆阿智村）
はなもものさと
4～5月にかけて赤、白、ピンクの3色の桃の花が約5000本も咲き誇る花の名所。

茶臼山高原 芝桜の丘
（愛知県◆豊根村）
ちゃうすやまこうげん しばざくらのおか
標高1358mの高原に咲き誇る芝桜のじゅうたん。約40万株が植えられている。

阿寺の七滝
（愛知県◆新城市）
あてらのななたき
日本の滝百選にも選ばれた滝。全長62mにわたり7段の階段状に流れ落ちる。

蔵王山展望台
（愛知県◆田原市）
ざおうさんてんぼうだい
標高250mの蔵王山にあり、展望室や星空テラスからは美しい夜景が楽しめる。

恋路ヶ浜
（愛知県◆田原市）
こいじがはま
恋人の聖地として認定されており、島崎藤村の抒情詩の舞台となったことでも有名。

三ヶ根山スカイライン
（愛知県◆西尾市）
さんがねさんすかいらいん
道沿いにアジサイが咲き誇ることから「あじさいライン」の愛称で親しまれている。

白鳥庭園
（愛知県◆名古屋市）
しろとりていえん
東海地方随一の規模を誇る日本庭園。紅葉シーズンはライトアップなどが楽しめる。

セントレアスカイデッキ
（愛知県◆常滑市）
せんとれあすかいでっき
中部国際空港 セントレアの屋上デッキ。飛行機はもちろん夕景や夜景も楽しめる。

野間埼灯台
（愛知県◆美浜市）
のまざきとうだい
愛知県内に現存する最古の灯台。恋愛のパワースポットとしても知られている。

新穂高ロープウェイ
（岐阜県◆高山市）
しんほだかろーぷうぇい
新穂高温泉駅と西穂高口駅を結ぶ。気軽に標高2000mを超える絶景を楽しめる。

飛騨古川
（岐阜県◆飛騨市）
ひだふるかわ
瀬戸川のほとり約500mにわたって連なる白壁土蔵。水路では鯉が悠々と泳ぐ。

新境川堤の桜
（岐阜県◆各務原市）
しんさかいがわつつみのさくら
日本さくら名所100選にも選ばれた。新境川の両岸約4kmをピンク色が包み込む。

多治見市モザイクタイルミュージアム
（岐阜県◆多治見市）
たじみしもざいくたいるみゅーじあむ
全国一のモザイクタイル生産地である多治見市にある藤森照信氏設計の博物館。

伊吹山ドライブウェイ
（岐阜県◆関ケ原町ほか）
いぶきやまどらいうぇい
標高1377mの伊吹山を走る全長17kmのドライブウェイ。山頂には高山植物が咲く。

養老の滝
（岐阜県◆養老町）
ようろうのたき
落差約30mの名瀑。孝行息子の想いで滝の水が酒に変わったという伝説が残る。

御在所岳
（三重県◆菰野町）
ございしょだけ
鈴鹿国定公園にある標高約1200mの山。ロープウェイからは四季の美景が楽しめる。

三重県◆鈴鹿市

鈴鹿の森庭園
すずかのもりていえん
呉服枝垂をはじめ、職人によって仕立てられた梅の名木約200本が咲き乱れる。

三重県◆津市

かざはやの里
かざはやのさと
福祉と環境を融合した花園。アジサイ園には約56種7万5000本ものアジサイが咲く。

三重県◆志摩市

志摩地中海村
しまちゅうかいむら
英虞湾沿いに広がるリゾート施設。地中海をイメージした白い街並みが特徴。

三重県◆熊野市

木津呂集落
きづろしゅうらく
山々に囲まれた馬の蹄鉄のような地形にある集落。全景を見るならツアーに参加しよう。

三重県◆伊勢市

伊勢志摩スカイライン
いせしまスカイライン
伊勢と鳥羽を結ぶ約16kmのドライブウェイ。朝熊山頂展望台からは伊勢湾を望む。

静岡県◆三島市

三島スカイウォーク
みしますかいうぉーく
日本最長を誇る400mの歩行者専用吊り橋。富士山から駿河湾まで一望できる。

静岡県◆伊東市

門脇つり橋
かどわきつりばし
城ヶ崎海岸の「半四郎落し」とよばれる断崖に架かる全長約48m、高さ約23mの吊り橋。

静岡県◆伊豆市

浄蓮の滝
じょうれんのたき
日本の滝百選のひとつ。深緑に囲まれ、高さ約25mからダイナミックに流れ落ちる。

静岡県◆伊豆市

恋人岬
こいびとみさき
展望デッキからは富士山や駿河湾を一望。永遠の愛が叶うという「愛の鐘」が有名。

静岡県◆河津町

河津バガテル公園
かわづばがてるこうえん
約1100種6000株のバラを植栽。絵画のように美しいフランス式のローズガーデン。

静岡県◆沼津市

煌めきの丘
きらめきのおか
陽光で海面が光って見えることが名前の由来。富士山や駿河湾に沈む夕日を望む。

静岡県◆富士市

今宮の茶畑
いまみやのちゃばたけ
茶園越しに富士山が見られる人気の撮影スポット。縦横に並ぶ茶畑が奥行き感を出す。

静岡県◆静岡市

宇津ノ谷隧道 明治のトンネル
うつのやとうげずいじう めいじのとんねる
日本初の有料トンネルとして明治9年（1876）開通した国の登録有形文化財。

静岡県◆島田市

蓬莱橋
ほうらいばし
世界一長い木造歩道橋としてギネスブックに掲載された全長897.4mの橋。

静岡県◆浜松市

中田島砂丘
なかたじまさきゅう
起伏が少なく、遠州灘海岸を望む景観が魅力。特に冬は美しい風紋ができやすい。

富山県◆朝日町

ヒスイ海岸
ひすいかいがん
ヒスイの原石が打ち上げられる数少ない海岸。サンセットビーチとしても人気。

富山県◆黒部市

猿飛峡
さるとびきょう
黒部峡谷のなかで最も川幅が狭い。かつて野猿が飛び越えたことから名付けられた。

富山県◆立山町

称名滝
しょうみょうだき
日本一の落差を誇る滝で国の天然記念物。全長350mで4段に分かれている。

富山県◆富山市

呉羽山展望台
くれはやまてんぼうだい
東に立山連峰、北に富山湾、その先は能登半島まで望める。夜景も美しい。

富山県◆富山市

富山城址公園
とやまじょうしこうえん
堀と天守閣が印象的な緑豊かな公園。春には桜とチューリップが楽しめる。

富山県◆富山市

富岩運河環水公園
ふがんうんがかんすいこうえん
富岩運河の水面を生かした親水公園。富岩水上ラインで運河クルーズも楽しめる。

富山県◆高岡市

瑞龍寺
ずいりゅうじ
曹洞宗の巨刹。山門、仏殿、法堂が近世禅宗様建築の代表作として国宝に指定。

富山県◆高岡市

高岡大仏
たかおかだいぶつ
大佛寺にある銅造阿弥陀如来坐像。与謝野晶子が褒めたたえたことでも知られる。

富山県◆砺波市

散居村
さんきょそん
家々が平野一帯に散らばり、散居集落を形成。農村の懐かしい姿を今に伝える。

富山県◆砺波市

砺波チューリップ公園
となみちゅーりっぷこうえん
約300万本のチューリップが咲き競う。タワーからは眼下に花壇を一望できる。

石川県◆珠洲市

禄剛埼灯台
ろっこうさきとうだい
明治16年（1883）に造られた白亜の灯台。異国文化を感じさせるデザイン。

石川県◆輪島市

垂水の滝
たるみのたき
切り立つ断崖の上から直接海に落ちる滝。強風で滝の水が飛び散る光景も壮観。

石川県◆輪島市

門前町黒島町
もんぜんまちくろしままち
北前船の船員の居住地として栄えた。黒色の屋根瓦、板壁、格子戸の家屋が並ぶ。

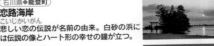

石川県◆能登町

恋路海岸
こいじかいがん
悲しい恋の伝説が名前の由来。白砂の浜には伝説の像とハート形の幸せの鐘が立つ。

石川県◆志賀町

増穂浦海岸
ますほがうらかいがん
白砂青松の海岸。海岸沿いには世界一長い全長460.9mのベンチがある。

【石川県◆津幡町】
河北潟メタセコイア並木
かほくがためたせこいあなみき
270本のメタセコイアが2m間隔で植えられている。冬の雪景色は特に美しい。

【石川県◆内灘町】
サンセットブリッジ内灘
さんせっとぶりっじうちなだ
全長344mの橋。白鳥が舞い降りた姿と雪吊りをイメージした直線美が印象的。

【石川県◆金沢市】
尾山神社
おやましんじゃ
前田利家と正室お松の方を祀る神社。ステンドグラスをはめ込んだ神門が目を引く。

【石川県◆金沢市】
大乗寺丘陵公園
だいじょうじきゅうりょうこうえん
金沢市街地から日本海まで見渡せる丘陵地。ツツジや椿などの花もみどころ。

【石川県◆白山市】
白山白川郷ホワイトロード
はくさんしらかわごうほわいとろーど
白山市と白川郷を結ぶ山岳観光道路。沿道からは多くの滝が見られ、秋には雲海も。

【石川県◆小松市】
滝ヶ原アーチ石橋群
たきがはらあーちいしばしぐん
石材の産地であるエリアに、明治～昭和初期建造のアーチ型石橋が5つ現存。

【福井県◆坂井市】
越前松島
えちぜんまつしま
海に小島が浮かぶ風景が松島に似ていることに由来。奇岩や洞窟もみどころ。

【福井県◆坂井市】
丸岡城
まるおかじょう
北陸唯一の現存天守。霞ヶ城の別名のとおり、桜のなかに浮かぶ姿は幻想的で美しい。

【福井県◆福井市】
足羽川桜並木
あすわがわさくらなみき
約600本の桜が植えられた堤防。4月ごろには約2kmのピンクのトンネルに。

【福井県◆福井市】
鉾島
ほこじま
荒波に浸食された柱状の岩場。遊歩道が整備されており、岩登りを楽しめる。

【福井県◆越前町】
呼鳥門
こちょうもん
風と波の浸食作用によって開いた洞穴。かつては国道唯一の天然トンネルだった。

【福井県◆池田町】
かずら橋
かずらばし
ツル状の植物を用いた吊り橋。イベント時はライトアップされ幻想的になる。

【福井県◆若狭町】
瓜割の滝
うりわりのたき
瓜が割れるほど冷たいことから命名。岩の間から湧き出る水は名水百選に認定。

【福井県◆若狭町】
三方五湖
みかたごこ
水質と水深が異なる5つの湖。水の色が微妙に異なり、五色の湖ともよばれる。

【福井県◆高浜町】
明鏡洞
めいきょうどう
八穴の奇勝とよばれる8つの洞穴のひとつ。足利義満もこの地に立ち寄ったという。

【滋賀県◆米原市ほか】
伊吹山
いぶきやま
琵琶湖の大パノラマが望める滋賀県の最高峰。山頂付近では高山植物も楽しめる。

【滋賀県◆長浜市】
賤ヶ岳
しずがたけ
奥琵琶湖や竹生島、伊吹山や余呉湖など、湖北を代表する絶景を一望できる。

【滋賀県◆高島市】
海津大崎
かいづおおさき
琵琶湖にせり出した岩礁地帯。琵琶湖八景のひとつで、桜の名所としても有名。

【滋賀県◆高島市】
マキノサニービーチ
まきのさにーびーち
奥琵琶湖有数の水の美しさを誇るビーチ。白砂と松林のコントラストも見事。

【滋賀県◆高島市】
もみじ池
もみじいけ
紅葉の名所として知られ、秋には池面に周囲の紅葉が色鮮やかに映し出される。

【滋賀県◆近江八幡市】
八幡堀
はちまんぼり
堀に沿って土蔵や旧家が立ち、城下町の風情を偲ばせる。手漕ぎ舟で巡ることも。

【滋賀県◆野洲市】
三上山
みかみやま
別名「近江富士」。なだらかな稜線を描く姿が美しく、多くの歌に詠まれてきた名峰。

【滋賀県◆守山市】
第一なぎさ公園
だいいちなぎさこうえん
カンザキハナナという早咲きの菜の花で知られる。雪の残る比良山との対比が美しい。

【滋賀県◆大津市】
浮御堂
うきみどう
湖上に立つ満月寺のお堂。その景観は近江八景のひとつ「堅田の落雁」で知られている。

【京都府◆京都市】
円山公園
まるやまこうえん
京都随一の桜の名所。「祇園の夜桜」の通称で知られる優美なシダレザクラは必見。

【京都府◆八幡市】
背割堤
せわりてい
宇治川と木津川を隔てる堤防。春には約1.4kmにわたる壮大な桜のトンネルが現れる。

【京都府◆長岡京市】
錦水亭
きんすいてい
八条ヶ池のほとりに立つ老舗料亭。四季の自然に風格ある数寄屋造りの座敷が映える。

【京都府◆亀岡市】
亀岡盆地の雲海
かめおかぼんちのうんかい
丹波霧ともよばれる丹波地方の秋の風物詩。竜ヶ尾山の山頂付近から眺められる。

【京都府◆京丹波町】
琴滝
ことたき
高さ43mの一枚岩を流れ落ちる滝。その様子が琴糸のように見えることが名前の由来。

【京都府◆宮津市】
由良川橋梁
ゆらがわきょうりょう
由良川の河口に架かる約550mの橋梁。水面約6mの高さをのんびりと列車が走る。

近畿 | 京都府◆伊根町

新井の棚田
にいのたなだ
日本海に面して広がる棚田。田植え期や収穫期はもちろん、日の出の時間帯も美しい。

京都府◆京丹後市

経ヶ岬
きょうがみさき
丹後半島の最北端にある断崖絶壁の岬。紺碧の海に白亜の灯台が鮮やかに映える。

京都府◆京丹後市

琴引浜
ことひきはま
日本の渚100選や日本の白砂青松100選に選ばれたビーチ。鳴き砂の浜としても有名。

大阪府◆千早赤阪村

ツツジオ谷
つつじおたに
金剛山の登山ルートとして知られ、冬になると美しい氷瀑も見られる。

大阪府◆千早赤阪村

下赤阪の棚田
しもあかさかのたなだ
「日本の棚田百選」に選ばれ、特に金色の稲穂が揺れる秋には多くの人が撮影に訪れる。

大阪府◆大阪市

住吉大社
すみよしたいしゃ
約1800年の歴史をもつ住吉神社の総本社。4棟の本殿は国宝に指定されている。

大阪府◆泉佐野市

行者の滝
ぎょうじゃのたき
七宝瀧寺の境内にあり、滝修行の場所として知られる。秋になると紅葉も楽しめる。

大阪府◆泉佐野市ほか

マーブルビーチ
まーぶるびーち
泉佐野市、田尻町、泉南市にまたがる白い大理石の人工渚。夕日の名所としても有名。

大阪府◆岬町

淡輪遊園
たんのわゆうえん
明石海峡大橋や関西国際空港を望む愛宕山の丘陵地。春にはツツジの花が咲き渡る。

兵庫県◆神戸市

神戸市立森林植物園
こうべしりつしんりんしょくぶつえん
六甲山の自然を生かした植物園。一年を通して四季折々の景色を楽しめる。

兵庫県◆三木市

黒滝
くろたき
緑豊かな里山に現れる雄大な滝。幅30mと横長で、大きな一枚岩を流れ落ちる。

兵庫県◆丹波市

白毫寺
びゃくごうじ
四季の花が境内を彩る丹波の名刹。特に春に咲く九尺藤は見事で、多くの人が訪れる。

兵庫県◆淡路市

絵島
えしま
淡路島の北端に浮かぶ小さな島。岩肌の縞模様や、浸食による造形美に圧倒される。

兵庫県◆豊岡市

玄武洞
げんぶどう
六角形の無数の玄武岩が積み上げられた神秘的な景観が広がる。国の天然記念物。
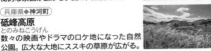

兵庫県◆神河町

砥峰高原
とのみねこうげん
数々の映画やドラマのロケ地になった自然公園。広大な大地にススキの草原が広がる。

兵庫県◆香美町

うへ山の棚田
うえやまのたなだ
小規模ながら、斜面に美しい弧を描く昔ながらの棚田。「日本の棚田百選」にも選定。

兵庫県◆新温泉町

シワガラの滝
しわがらのたき
苔むした洞窟に落ちる神秘的な滝。岩間から差し込む陽光が荘厳な雰囲気を醸し出す。

兵庫県◆佐用町

南光ひまわり畑
なんこうひまわりばたけ
西日本最大級の規模を誇るヒマワリ畑。見頃に合わせ、ひまわり祭りも開催される。

奈良県◆曽爾村

曽爾高原
そにこうげん
倶留尊山の麓に広がる高原。秋にはススキに覆われ、金色に輝く夕暮れどきは圧巻。

奈良県◆上北山村

大蛇嵓
だいじゃぐら
大台ヶ原の展望スポット。断崖絶壁の岩場から大峯山系の大パノラマを一望できる。

奈良県◆宇陀市

龍王ヶ淵
りゅうおうがぶち
額井岳の山腹にある池。池面に周囲の緑が映り込み、神秘的な風景を描き出す。

奈良県◆奈良市

若草山
わかくさやま
青々とした芝生で覆われたなだらかな山。眺望がよく、夜景の名所としても知られる。

奈良県◆御所市ほか

大和葛城山
やまとかつらぎさん
5月には山頂付近がツツジの花で赤く染まる。秋の紅葉や、ススキの草原も美しい。

和歌山県◆田辺市

百間ぐら
ひゃっけんぐら
熊野古道・小雲取越の途中にある絶景ポイント。雄大な山々を一望でき、夕景も見事。

和歌山県◆古座川町

虫喰岩
むしくいいわ
蜂の巣のように無数の穴があいた奇妙な巨岩。国の天然記念物に指定されている。

和歌山県◆串本町

海金剛
うみこんごう
海面に巨岩がそそり立つ景勝地。「21世紀に残したい日本の自然100選」のひとつ。

和歌山県◆串本町

潮岬
しおのみさき
本州最南端の地。ゆるやかに弧を描く水平線が広がり、地球の丸さを実感できる。

和歌山県◆白浜町

三段壁
さんだんべき
長さ2km、高さ60mに及ぶダイナミックな断崖。地下の洞窟に入ることもできる。

和歌山県◆白浜町

千畳敷
せんじょうじき
荒波の浸食によって形成された大岩盤。太平洋に面し、夕日の名所としても有名。

和歌山県◆紀の川市

大池遊園
おおいけゆうえん
自然豊かな公園。和歌山電鉄の電車が池の上を走るのどかな景色も見られる。

鳥取県◆鳥取市
白兎海岸
はくとかいがん
神話『因幡の白うさぎ』の舞台になったといわれる、白い砂浜が連なった海岸。

鳥取県◆境港市
境台場公園
さかいだいばこうえん
山陰最古の「境港灯台」が復元されており、白い灯台が立つ。境港が誇る桜の名所。

鳥取県◆若桜町
不動院岩屋堂
ふどういんいわやどう
天然の断崖の窪みに建立された修験道の寺院で、国の重要文化財に指定。

鳥取県◆湯梨浜町
中国庭園 燕趙園
ちゅうごくていえん えんちょうえん
庭園内に28景の美しく風光明媚なみどころがある、日本最大級の中国庭園。

鳥取県◆江府町
木谷沢渓流
きたにざわけいりゅう
広葉樹の巨木に囲まれた渓流。奥大山にあり、各所から清らかな水が湧き出す。

島根県◆松江市
秋鹿町駅
あいかまちえき
宍道湖に一番近い一畑電車の駅。電車や駅舎と宍道湖を一緒に撮影できる。

島根県◆松江市
青石畳通り
あおいしだたみどおり
石畳の海岸から切り取ったという青石は、雨で濡れるとうっすら青色に変化する。

島根県◆松江市
塩見縄手
しおみなわて
松江の上級・中級武士の屋敷が軒を連ねていた通り。松江城の堀川沿いにある。

島根県◆出雲市
出雲日御碕灯台
いずもひのみさきとうだい
石積みの灯台としては日本一の高さを誇る。島根半島の最先端に位置する。

島根県◆出雲市
多伎キララビーチ
たききららびーち
水質のよさと透明度の高いコバルトブルーが自慢のビーチ。夕日の名所でも知られる。

島根県◆大田市
石見銀山
いわみぎんざん
室町時代から休山までの約400年間にわたって、銀の採掘が行われていた銀山。

島根県◆浜田市
石見畳ヶ浦
いわみたたみがうら
波の浸食によってできた奇岩地形。太古の地層にマグマの跡や化石が見られる。

島根県◆津和野町
太皷谷稲成神社
たいこだにいなりじんじゃ
千本鳥居を抜けて境内に至る。津和野を見晴らす高台に鎮まる稲荷神社。

岡山県◆新見市
満奇洞
まきどう
総延長は約450mの鍾乳洞。LED照明によるカラフルなライトアップが美しい。

岡山県◆瀬戸内市
虫明迫門の曙
むしあけせとのあけぼの
平安時代の歌人や平清盛の父・忠盛も歌に詠んだ、歴史のある日の出スポット。

岡山県◆笠岡市
笠岡ベイファーム
かさおかべいふぁーむ
毎年8月には、約10haの広大な土地に約100万本のヒマワリが咲く。

広島県◆福山市
阿伏兎観音
あぶとかんのん
毛利輝元によって創建された観音堂。海に面した阿伏兎岬の断崖の上に鎮座する。

広島県◆尾道市
瀬戸田町夏祭り
せとだちょうなつまつり
しまなみ海道の中に位置する生口島で行われる。海上に打ち上がる大玉花火が目玉。

広島県◆尾道市
天寧寺 海雲塔
てんねいじ かいうんとう
千光寺山の中腹より、海雲塔越しに見る街並みは尾道を代表する風景として有名。

広島県◆呉市
灰ヶ峰展望台
はいがみねてんぼうだい
呉の市街地から港の先まで、宝石のようにきらめく街の灯りを眼下に一望できる。

広島県◆呉市
ハチマキ展望台
はちまきてんぼうだい
野呂山の中腹に位置する展望台。安芸灘大橋や瀬戸内海の多島美が楽しめる。

広島県◆安芸太田町
三段峡
さんだんきょう
全長約16kmにも及ぶ西日本有数の大峡谷で、国の特別名勝にも指定されている。

広島県◆世羅町
世羅高原農場
せらこうげんのうじょう
ヒマワリのほか、季節の花々が農場の花畑一面に咲き誇る景色が圧巻。

山口県◆下関市
火の山公園
ひのやまこうえん
山頂からは下関や対岸の門司港が一望できる、下関屈指の夜景スポット。

山口県◆下関市
福徳稲荷神社
ふくとくいなりじんじゃ
犬鳴峠の高台に社殿を構える。沈む夕日と大鳥居の幻想的な光景も人気。

山口県◆下関市
妙青寺
みょうせいじ
藤が見頃の5月上旬、水面を泳ぐ鯉と藤の花のコラボレーションが見られる。

山口県◆美祢市
別府弁天池
べっぷべんてんいけ
かつて水不足に悩んだ長者が弁財天を勧請したところ、水が湧き出たという伝説の池。

山口県◆防府市
防府天満宮
ほうふてんまんぐう
菅原道真公を祀る日本で最初の天満宮。道真公の生誕祭にはボンボリが奉納される。

山口県◆光市
室積湾
むろづみわん
山口県南東部に位置。半島の先端からのびる岬は美しい夕日スポット。

山口県◆周防大島町
大島大橋
おおしまおおはし
柳井と周防大島を結ぶ唯一の橋。橋には歩道があり、歩いて渡ることも可能。

香川県◆観音寺市

豊稔池堰堤
ほうねんいけえんてい
5連のアーチが特徴のダム。重厚な造りは中世ヨーロッパの古城を彷彿とさせる。

香川県◆高松市

獅子の霊巌展望台
ししのれいがんてんぼうだい
獅子の形をした岩があることが名前の由来。夜景スポットとしても有名。

香川県◆小豆島町

美しの原高原 四方指展望台
うつくしのはらこうげん しほうさしてんぼうだい
標高777mにある小豆島唯一の高原。寒霞渓や瀬戸内海の島々を一望できる。

香川県◆小豆島町

中山千枚田
なかやませんまいだ
標高200mの山腹に大小約800枚の棚田が広がる。名水百選の「湯船の水」が流れる。

香川県◆土庄町

小瀬の重岩
こせのかさねいわ
山頂に巨大な石が重なる。大阪城築城のために大石を採石をした場所でもある。

愛媛県◆今治市

大角豆島
さざげじま
かつて塩田があった瀬戸浜の沖にある小島。干潮時にのみ島へ渡る道が現れる。

愛媛県◆今治市

船折瀬戸
ふなおりせと
伯方島と鵜島の間に位置し、船が折れるほどの激しい潮流があることから名付けられた。

愛媛県◆伊予市

ふたみシーサイド公園
ふたみしーさいどこうえん
美しい夕景は日本の夕陽百選に選ばれるほど。恋人峠から眺める夕日はロマンチック。

愛媛県◆宇和島市

宇和島城
うわじまじょう
天守は寛文6年(1666)ごろに再建され、全国に現存する12天守のひとつ。

愛媛県◆大洲市

肱川あらし展望公園
ひじかわあらしてんぼうこうえん
上流の大洲盆地で発生する冷気が霧を伴い、肱川から伊予灘へ流れ出す現象が見られる。

愛媛県◆四国中央市

具定展望台
ぐじょうてんぼうだい
四国中央市の工業地帯が眼下に広がる。天気がよければ本州まで見えることもある。

愛媛県◆西予市

卯之町の町並み
うのまちのまちなみ
江戸中期から昭和初期の商家が並ぶ。宇和島街道の宿場町の面影が残る。

愛媛県◆新居浜市

別子銅山
べっしどうざん
昭和48年(1973)まで稼働した銅山。東洋のマチュピチュと称される産業遺産が残る。

愛媛県◆愛南町

高茂岬
こうもみさき
約100mの断崖絶壁から広大な海が広がる。空気が澄んだ日には九州が望める。

愛媛県◆伊方町

佐田岬灯台
さだみさきとうだい
点灯100余年の灯台。日本一細長い佐田岬半島の先端に位置する。
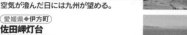

愛媛県◆上島町

積善山展望台
せきぜんさんてんぼうだい
岩城島の中央部に位置する。約3000本の桜が登山道に沿って咲き誇る。

徳島県◆徳島市

眉山
びざん
標高290mのなだらかな山。美しいフォルムで万葉集にも登場した。

徳島県◆美馬市

うだつの町並み
うだつのまちなみ
藍の集散地として栄えた地域。隣家との境目に防火壁として造られたうだつが残る。

徳島県◆美馬市

脇町潜水橋
わきまちせんすいきょう
水上約1〜2mに架けられた石橋。増水時には水中に潜り、水が引くと現れる仕組み。

徳島県◆三好市

祖谷渓
いやけい
剣山系の1000m級の山々に囲まれた秘境の地。雄大な渓谷美が堪能できる。

徳島県◆三好市ほか

三嶺
さんれい
徳島県と高知県にまたがる。剣山や石鎚山を望むことができ、四季折々の景色も見事。

徳島県◆三好市

塩塚高原
しおづかこうげん
徳島県と愛媛県にまたがる、東西に長く延びた高原。晴天時には山陽道が望める。

徳島県◆海陽町

轟の滝
とどろきのたき
上流の大小の滝と合わせ轟九十九滝とよばれる。本滝は轟音が響くほどの迫力。

徳島県◆上勝町

灌頂ヶ滝
かんじょうがたき
断崖に水流が伝い霧のように広がる。かつて弘法大師が修行をしたという伝説が残る。

徳島県◆つるぎ町

鳴滝
なるたき
絶壁から三段に分かれて落ちる。落差85mと県内随一の規模を誇る。

高知県◆須崎市

桑田山雪割り桜
そうだやまゆきわりざくら
2月中旬〜3月中旬、雪が残る時期から濃い桃色の花が咲く。約1000本が植樹される。

高知県◆須崎市

横浪黒潮ライン
よこなみくろしおらいん
土佐市から須崎市にまたがる横浪半島を約19kmにわたり横断するドライブロード。

高知県◆土佐清水市

竜串海岸
たつくしかいがん
長い年月をかけて波や風が砂岩や泥岩を浸食し、海岸一帯に奇岩をつくり上げた。

高知県◆土佐清水市

白山洞門
はくさんどうもん
太平洋の荒波によりできた海食洞。花崗岩の洞門としては日本最大級。

高知県◆本山町

土佐天空の郷
とさてんくうのさと
標高1000mの山々に囲まれ、等高線沿いに湾曲した棚田が視界の奥まで広がる。

福岡県◆北九州市
菅生の滝
すがおのたき
落差30mを誇る迫力のある滝。夏には避暑地や水遊び場として多くの人が訪れる。

福岡県◆北九州市
平尾台
ひらおだい
日本三大カルストのひとつに数えられ、南北6km、東西2kmにわたり石灰岩が点在する。

福岡県◆福岡市
のこのしまアイランドパーク
のこのしまあいらんどぱーく
博多湾に浮かぶ能古島にある自然公園。菜の花やコスモスが一面に咲き誇る。

福岡県◆八女市
鹿里の棚田
ろくりのたなだ
八女市星野村の鹿里集落に広がる棚田。9月下旬には稲穂と彼岸花の共演が楽しめる。

福岡県◆八女市
日向神峡
ひゅうがみきょう
中国の山水画のような景色が広がる渓谷。日本一大きいハート岩があることでも有名。

佐賀県◆唐津市
杉の原放牧場
すぎのはらほうぼくじょう
加部島の先端にある放牧場。青い海を背景に牛たちが草を食むのどかな風景が広がる。

佐賀県◆唐津市
大浦の棚田
おおうらのたなだ
伊万里湾を眼下に見下ろす高台に広がる美しい棚田。「日本の棚田百選」にも選ばれた。

佐賀県◆伊万里市ほか
いろは島
いろはじま
伊万里湾に浮かぶ島々。弘法大師があまりの美しさに筆を落としたという伝説が残る。

長崎県◆平戸市
平戸大橋
ひらどおおはし
平戸島と田平町を結ぶ朱塗りの吊り橋。夜はライトアップされ幻想的な姿を見せる。

長崎県◆小値賀町
旧野首教会
きゅうのくびきょうかい
野崎島の小高い丘に立つレンガ造りの教会。潜伏キリシタンたちが苦難の末に建造した。

長崎県◆島原市
島原城
しまばらじょう
白く塗られた5階層の天守閣が壮麗な城。現在の建物は昭和期に復元されたもの。

大分県◆九重町
九重"夢"大吊橋
ここのえ"ゆめ"おおつりはし
歩道専用としては日本一の高さを誇る吊り橋。鳴子川渓谷の雄大な自然を一望できる。

大分県◆九重町
タデ原湿原
たではらしつげん
くじゅう連山の北側に位置する広大な湿原。自然散策路から希少な植物を観察できる。

大分県◆竹田市
白水ダム
はくすいだむ
里山にある小さなダム。レースのようにきめ細かな水が流れ落ちる様子が美しい。

大分県◆豊後大野市
出会橋・轟橋
であいばし・とどろばし
奥岳川に並んで架かる2つの橋。アーチの直径は、石橋としては日本1位と2位を誇る。

熊本県◆南小国町
黒川温泉 湯あかり
くろかわおんせん ゆあかり
毎年年末から春にかけて、温泉街を竹の灯籠の暖かい光が彩る。

熊本県◆南小国町
押戸石の丘
おしといしのおか
古代人の祈りの場所であったとされる巨石群。ミステリアスな雰囲気に包まれる。

熊本県◆産山村
池山水源
いけやますいげん
樹齢200年を超える樹木に囲まれた神秘的な水源。阿蘇の名水スポットとしても人気。

熊本県◆阿蘇市
西湯浦園地展望所
にしゆのうらえんちてんぼうじょ
北外輪山にある展望所。阿蘇山の雄大なカルデラと草原地帯の大パノラマは壮観。

熊本県◆熊本市
水前寺成趣園
すいぜんじじょうじゅえん
細川家ゆかりの回遊庭園。池や築山が見事に配置され、自然美と庭園美を堪能できる。

熊本県◆山都町
五老ヶ滝
ごろうがたき
高さ50mから勢いよく落下する迫力の滝。歩道に架かる吊り橋などから一望できる。

熊本県◆美里町
八角トンネル
はっかくとんねる
落石よけに造られた熊延鉄道の洞門。異世界に続いているような不思議な魅力を放つ。

熊本県◆球磨村
球泉洞
きゅうせんどう
全長約4800mの九州最大級の鍾乳洞。長い年月をかけてできた石柱や石筍は必見。

熊本県◆天草市
牛深ハイヤ大橋
うしぶかはいやおおはし
イタリアの建築家レンゾ・ピアノ氏設計の橋。周囲の自然に調和するデザインが見事。

宮崎県◆高千穂町
国見ヶ丘
くにみがおか
標高513mに位置する丘。条件が揃えば雲海も見られ、神秘的な景色を堪能できる。

宮崎県◆五ヶ瀬町
うのこの滝
うのこのたき
山の間に穴が開いたような滝壺が独特の景観を生んでいる。展望所から一望できる。

宮崎県◆えびの市
えびの高原
えびのこうげん
標高1200mにある自然豊かな高原。ミヤマキリシマやススキの草原が一面に広がる。

鹿児島県◆鹿児島市
名勝 仙巌園
めいしょう せんがんえん
万治元年(1658)に築かれた島津家の別邸。桜島を築山に見立てた見事な庭園が広がる。

鹿児島県◆南九州市
知覧武家屋敷庭園群
ちらんぶけやしきていえんぐん
武家屋敷に残る優美な7つの庭園。知覧に根づいてきた伝統と美意識を感じさせる。

鹿児島県◆指宿市
池田湖
いけだこ
開花の早い菜の花畑として知られ、池田湖と菜の花畑、開聞岳が一度に楽しめる。

沖縄

【沖縄県◆うるま市】

海中道路
かいちゅうどうろ
沖縄本島と平安座島ほか3つの島を結ぶ約4.8kmの海上道路。人気のドライブスポット。

【沖縄県◆恩納村】

真栄田岬
まえだみさき
展望台からは東シナ海を一望できる。岬全体が見渡せるあずま屋や遊歩道も整備。

【沖縄県◆恩納村】

ミッションビーチ
みっしょんびーち
三方を森と岩場に囲まれたプライベート感のあるビーチ。木陰も多く涼をとるのもいい。

【沖縄県◆恩納村】

ムーンビーチ
むーんびーち
三日月の形をしたビーチが名前の由来。ヤシやハイビスカスなど南国らしさが満載。

【沖縄県◆恩納村】

ルネッサンスビーチ
るねっさんすびーち
環境省の快水浴場百選の特選に選ばれた。イルカやエイとふれあえるプログラムも。

【沖縄県◆国頭村】

茅打バンタ
かやうちばんた
標高80mの断崖絶壁で、海岸線に迫る山々と、東シナ海を一望できる景勝地。

【沖縄県◆国頭村】

大石林山
だいせきりんざん
日本唯一の亜熱帯カルスト地形。自然がつくり出した奇岩・巨石群は迫力満点。

【沖縄県◆国頭村】

辺戸岬
へどみさき
本島最北端に位置する隆起サンゴの岬。天気がよければ28km離れた与論島が望める。

【沖縄県◆北谷町】

美浜アメリカンビレッジ
みはまあめりかんびれっじ
商業施設が集まるエンタメスポット。色鮮やかな建物が海外のような雰囲気を演出。

【沖縄県◆今帰仁村】

古宇利大橋
こうりおおはし
古宇利島まで一直線に延びる沖縄本島で一番長い橋。ドライブも散歩もおすすめ。

【沖縄県◆今帰仁村】

チグヌ浜
ちぐぬはま
潮が引いたときのみ現れる穴場ビーチ。沖縄版アダムとイブ伝説の舞台として知られる。

【沖縄県◆今帰仁村】

ハート岩
はーといわ
自然がつくり出したハート形の岩は古宇利島のシンボル。恋人たちの聖地として人気。

【沖縄県◆今帰仁村】

ワルミ大橋
わるみおおはし
本部本島と屋我地島を結ぶ橋。眼下にワルミ海峡が広がる人気のドライブコース。

【沖縄県◆那覇市】

識名園
しきなえん
王家の保養や使者を接待するため創建された琉球王家の別邸。回遊式庭園がみどころ。

【沖縄県◆那覇市】

玉陵
たまうどぅん
歴代琉球国王が眠る県下最大の墓地。墓は自然の岩山を削って造られている。

【沖縄県◆那覇市】

壺屋やちむん通り
つぼややちむんどおり
国際通りからほど近い、東西に延びる石畳道。通り沿いには焼物店が軒を連ねる。

【沖縄県◆那覇市】

弁財天堂
べざいてんどう
航海安全の女神・弁財天を祀る。中国式のアーチ形が特徴の天女橋は国の重要文化財。

【沖縄県◆南城市】

久高島
くだかじま
琉球創世神・アマミキヨが降臨したとされ、島全体が神聖な場所として守られている。

【沖縄県◆南城市】

コマカ島
こまかじま
島の2/3が砂浜の周囲約800mの小さな無人島。熱帯魚やヤドカリなどが生息する。

【沖縄県◆南城市】

知念岬公園
ちねんみさきこうえん
高台に駐車場があり、海や久高島などが見渡せる。日の出を望む絶好のスポット。

【沖縄県◆南城市】

百名ビーチ
ひゃくなびーち
白く輝く砂浜が美しい遠浅の天然ビーチ。ビーチ周辺にはパワースポットが点在。

【沖縄県◆本部町】

ゴリラチョップ
ごりらちょっぷ
ゴリラがチョップしているような形の岩があり、人気のシュノーケリングスポット。

【沖縄県◆本部町】

瀬底ビーチ
せそこびーち
離島ならではの透明度の高さが特徴。視界が開けていて伊江島や水納島が一望できる。

【沖縄県◆読谷村】

座喜味城跡
ざきみじょうあと
名築城家とうたわれた武将・護佐丸が築城。美しい石積みの城壁などみどころが多い。

【沖縄県◆石垣島】

名蔵アンパル
なぐらあんぱる
名蔵川河口に広がる石垣島最大の干潟湾。亜熱帯の生物やマングローブの林が見られる。

【沖縄県◆宮古島】

池間大橋
いけまおおはし
宮古島と池間島を結ぶ。サンゴ礁が広がる宮古ブルーの海は宮古屈指の美しさ。

【沖縄県◆与那国島】

ティンダバナ
てぃんだばな
標高85mの場所にある天然の展望台。伝説の女酋長サンアイ・イソバの碑が立つ。

【沖縄県◆久米島】

ハテの浜
はてのはま
久米島の沖合に約7kmにわたって浮かぶ砂州。海水浴やシュノーケリングが楽しめる。

【沖縄県◆慶良間諸島】

ナガンヌ島
ながんぬとう
チービシとよばれる環礁群に位置するサンゴの島。東西に1.7kmと細長い。

【沖縄県◆座間味村】

古座間味ビーチ
ふるざまみびーち
波打ち際から数m先からサンゴや熱帯魚が望める、人気のシュノーケリングスポット。

499

50音順 INDEX

501

都道府県別 INDEX

508

510

初版発行　2020年12月1日
五刷発行　2022年3月1日

編集人　山田宏輝
発行人　今井敏行

発行所　JTB パブリッシング
　　　　〒162-8446 東京都新宿区払方町25-5
　　　　販売　03-6888-7893
　　　　編集　03-6888-7860
　　　　https://jtbpublishing.co.jp/

編集・制作　　　情報メディア編集部
　　　　　　　　山田美帆
取材・執筆　　　K&B パブリッシャーズ
　　　　　　　　遠藤優子
　　　　　　　　好地理恵
表紙デザイン　　中嶋デザイン事務所
デザイン　　　　K&B パブリッシャーズ
撮影・写真協力　istock
　　　　　　　　PIXTA
　　　　　　　　Shutterstock
　　　　　　　　関係各施設・市町村
地図製作　　　　K&B パブリッシャーズ
印刷所　　　　　佐川印刷

©JTB Publishing 2020
Printed in Japan
214574　807830
ISBN978-4-533-14290-1 C2026
無断転載・複製禁止

おでかけ情報満載『るるぶ＆ more』
https://rurubu.jp/andmore/

本誌掲載の記事やデータは、特記のない限り2020年9月現在のものです。各種データを含めた掲載内容の正確性には万全を期しておりますが、その後変更になることがあります。本書に掲載している国名や地名は、通称名を用いている場合があります。なお、本書に掲載された内容による損害等は、弊社では補償致しかねますので、あらかじめご了承くださいますようお願いいたします。